高校汉语语言学课程
研究性教学研究

丁俊苗　著

中国海洋大学出版社
·青岛·

图书在版编目（CIP）数据

高校汉语语言学课程研究性教学研究／丁俊苗著
．一青岛：中国海洋大学出版社，2019.2
ISBN 978-7-5670-1899-0

Ⅰ．①高…　Ⅱ．①丁…　Ⅲ．①汉语－语言教学－教学
研究－高等学校　Ⅳ．①H19

中国版本图书馆 CIP 数据核字（2019）第 016073 号

出版发行	中国海洋大学出版社
社　　　址	青岛市香港东路 23 号　　邮政编码　266071
出 版 人	杨立敏
网　　　址	http://pub.ouc.edu.cn
订购电话	0532-82032573（传真）
责任编辑	邵成军　　　　　　　电　　话　0532-85902533
印　　　制	日照日报印务中心
版　　　次	2019 年 2 月第 1 版
印　　　次	2019 年 2 月第 1 次印刷
成品尺寸	144 mm ×215 mm
印　　　张	6.75
字　　　数	150 千
印　　　数	1—1 000
定　　　价	33.00 元

　　研究性教学是与传统接受性教学相对而言的一种教学思想、模式、方法或课程形态,其特质是教学中的"研究性",是将研究引进教学,教学和研究深度融合,对于培养学生的实践创新能力和深化教育教学改革具有重大意义。在创新驱动发展成为时代主题和高校"双一流"建设的大背景下,研究性教学的意义显得更为突出。无论在高等教育阶段,还是在基础教育阶段,研究性教学都备受关注和重视。

　　高校有类型、层次的不同,学生也有层次、年级的不同,学科门类和课程性质更是复杂多样。如何在充分尊重学校办学定位、学生特点的前提下,依据学科或课程性质构建一个既符合学理又实用的研究性教学模式,是有效开展研究性教学的重要理论和实践问题。问题是科学研究的魂与根,提出问题比解决问题往往更重要。开展研究性教学,最难的就是学生提不出问题,或提出的问题质量不高,研究价值不大。对于语言学研究来说,由于语言的规律是隐性的,需要有很强的抽象思维能力方能有所发现,所以相对文科其他学科的课程,语言学课程的研究性教学提出问题则更困难一些。在研究性教学实践与探索中,本书以问题为中心,以问题的提出与解决为主线,同时紧紧扣住语言学学科和课程的性质,把问题的提出与解决进路和语言学的研究进路熔铸到一起，形成一明一暗两条推进之路，构建了以问题为中心的汉语语言学课程研究性教学模式。

本书一共七章。第一章主要从宏观方面论述研究性教学的内涵和意义，厘清研究性教学性质及有关名称问题，强调在创新驱动发展成为时代主题和高校"双一流"建设的大背景下开展研究性教学的重要意义。第二章结合高校类型、层次和办学定位等方面，系统剖析目前高校研究性教学开展存在的问题，并提出解决问题的相应对策。第三章具体梳理目前高校汉语语言学课程研究性教学的基本状况，并针对这一现状，提出有效开展语言学课程研究性教学的设想。第四章、第五章以问题的提出为中心，具体论述开展汉语语言学课程研究性教学的两条主要路径：一是教师设置问题，一是引导学生发现问题，并结合教学实践，系统总结教师设置问题、引导发现问题的主要方法、遵循的原则等问题。第六章探讨如何在提出问题的基础上进一步分析解决问题，为研究性教学的深度推进和成果获得指明方向和行进路线。特别是其中"研究性教学成果的升华"一节，运用具体实例，从七个方面论述如何提升研究性教学成果的品质和成果的学术含量，具有一定的创新性和理论价值。第七章结合毕业论文、学科竞赛以及创新创业等问题，进一步论述了研究性教学如何与毕业论文、学科竞赛、创新创业等联系起来，以打通第一课堂和第二课堂、校内和校外的分割与壁垒，让研究性教学具有更宽广的视野和更强的实践性，也使研究性教学形成一个完整的体系。

以问题为中心的汉语语言学课程研究性教学模式，是在实践基础上的思考总结和进一步系统化，目的在于对汉语语言学课程研究性教学的开展与提高汉语语言学课程的教学质量有所帮助。因此,本书努力实现的目标之一是其实用性:基于当前汉语语言学课程研究性教学的实际,以问题为中心,从操作层面一步一步引导,着重在过程和方法方面发挥示范作用。本书努力实现的目标之二是希望汉语语言学课程研究性教学具有一定的理论性。因此,本书也对目前高校研究性教学存在的问题进行系统分析,尝试提出解决问题的相应对策,并结合语言学研究的具体问题,从多方面提出研究性教学成果进一步升华的方法,以在有效培养大学生实践创新能力这一总目标下,使以问题为中心的汉语语言学课程研究性教学模式成为一个有始有终、较为完整的教学体系。本书的阅读对象主要为中国语言文学学科相关专业的本科生和承担汉语语言学课程教学任务的教师,也可作为汉语言文字学研究生学习的参考资料。

　　研究性教学是一种渗透研究精神和实践创新的教学。从创新教学理念与改革教学方法等角度看,笔者对研究性教学的思考和所做的工作,实质上也是一种研究。因此,很大程度上,本书应该算是笔者实践、探索和研究如何有效开展研究性教学所取得成果的交流和展示。

CONTENTS 目 录

第一章
研究性教学的内涵和意义

　　研究性教学内涵丰富,对于培养大学生的实践创新能力、深化高等教育教学改革等意义重大。近些年来,研究性教学在实践探索和理论研究等方面都取得了很大的进展,但从整体上看,高校研究性教学还存在一些问题,需要进行认真思考和分析,明确其内涵,突出其意义,进一步推进研究性教学的有效开展和理论研究。

‖ 第一节　研究性教学的内涵

　　研究性教学是与传统接受性教学相对而言的,其特质是教学中的"研究性",是将研究引入教学,促进教学和研究深度融合。研究性教学可以有效培养大学生的实践创新能力和科学精神。在创新驱动发展成为时代主题和高校"双一流"建设的大背景下,研究性教学备受教育界的关注和重视。

一、研究性教学的性质

　　关于研究性教学,学界对其性质理解不尽一致,归纳起来,主要有教育(教学)理念说、教学模式说、教学方法说和课程形态说四种。

（一）教育（教学）理念说

这种观点认为研究性教学是一种新的教育（教学）思想或理念。例如，吴汉江指出："什么是研究性教学呢？研究性教学并非指某种具体的教学方法或手段，而是一种全新的教学理念在各个教学环节上的体现。它是作为一种范畴而存在的。其实，教学即研究，教师不是现成知识的'搬运工'，而是要教给学生研究的方法。所以，研究性教学就是指教师根据教学目标与要求，积极引导学生主动参与整个教学过程，探索新知，培养学生发现问题、分析问题与解决问题能力的一种全新的教学理念。"①

（二）教学模式说

这种观点认为研究性教学是一种新的教学模式。刘赞英、王岚、朱静然在《构建研究性教学模式的难点和突破口》一文中提出："从教学论的视角来考察，研究性教学和接受性教学是相对应的两种不同的教学模式。""作为一种教学模式，研究性教学更强调让学生在研究的过程中获得知识，学生通过不断地提出问题、分析问题和解决问题，由被动学习转换为自主学习，从而掌握一种科学的学习方法和手段。"②

（三）教学方法说

这种观点认为研究性教学是一种（课堂）教学方法，如赵洪《研究性教学与大学教学方法改革》一文的标题即显示研究性教学是一种教学方法。在文中，赵洪具体谈到了"案例教学法""基于问题解决的学习""基于问题的学习"等三种

---

① 吴汉江.对外汉语专业现代汉语课程研究性教学的思考[J].林区教学，2012（01）：32-34.

② 刘赞英,王岚,朱静然.构建研究性教学模式的难点和突破口[J].中国高等教育,2008（13、14）：40-42.

典型的研究性教学方法。^①顾沛《把握研究性教学，推进课堂教学方法改革》一文也是从教学方法的层面来谈的："关于研究性教学，目前正在较大程度上受到高教界的关注，让人欣慰。但要真正以此实现教学方法的改革以及在所有高校铺开，教师应该发挥的作用值得重点讨论。"^②

（四）课程形态说

这种观点认为研究性教学是一种课程形态，主要是指基础教育阶段综合实践活动课程的研究性学习课程。教育部 2000 年颁布的《全日制普通高级中学课程计划（试验修订稿）》中，作为必修课程列入的"综合实践活动"包括研究性学习、劳动技术教育、社区服务、社会实践 4 部分。开设综合实践活动旨在让学生联系社会实际，通过亲身体验进行学习，积累和丰富直接经验，培养创新精神、实践能力和终身学习的能力。教育部 2017 年颁布的《普通高中课程方案》规定了综合实践活动课程共 14 个学分，由研究性学习、社会实践和志愿服务 3 部分组成，其中研究性学习 6 个学分，完成 2 个课题研究或项目设计，以开展跨学科研究为主。^③

上述关于研究性教学的 4 种性质之所以不同，实际上是从不同层面来理解的。教育（教学）理念说认为研究性教学是一种迥别于接受性教学的、新的教育思想或理念，属于宏观的教学认识层面。这种思想理念具有统领作用和导向性，可以体现、渗透于教学的方方面面和每一个教学环节。"在

---

① 赵洪. 研究性教学与大学教学方法改革[J]. 高等教育研究,2006（02）:71–75.

② 顾沛. 把握研究性教学,推进课堂教学方法改革[J]. 中国高等教育,2009（07）:31–33,38.

③ 教育部. 普通高中课程方案[S]. 北京:人民教育出版社,2018.

本科教学中引入研究性教学理念,把着力点放在培养学生的创新精神与实践能力上,是提升本科教学质量的一个重要突破口。"①但要落实研究性教学这一理念,就要依据教学规律和教学过程,构建一套系统性的研究性教学组织运行模式。因此,教学模式说处于研究性教学的中观组织层面。教学模式要得以执行,也还需要落实为更具体的教学方法,研究性教学的效果,最终也要通过具体教学方法来实现。因此,教学方法说可以说是属于微观的操作层面。课程是教学的基本单元,以一种具体课程来实现研究性教学的目标、任务,达到培养训练学生实践创新能力的目的,这种课程就是研究性教学课程。相应地,这时研究性教学就是指一种课程形态。课程形态说,实质上是就研究性教学的课程载体而言的。以上是分而言之,实际上,教育(教学)理念、教学模式、教学方法等是一个统一体,实践中很多时候是难以区分或者是不必要区分的。

二、研究性教学的名称

与"研究性教学"这一名称内涵相同或相近的表述有多种,如"研究型教学""研究性(型)学习""探究性(式)教学""探究性(式)学习"。这些名称的使用在国家相关文件或学术探讨中不尽统一。研究性教学的名称可以从不同的角度分类,从主体的角度看,可以分为"教学"和"学习"两类;从研究的层次看,可以分为"研究"和"探究"两类。交叉组合后,一共就有四类。

---

① 行龙.引入研究性教学理念 着力提高本科教学质量[J].中国高等教育,2007(22):44-45.

（一）教学与学习问题

教学活动包括教与学两方面。从教师的视角看,如果教师遵循科学研究的规律,将科研引入教学,指导学生进行探索和研究,则是研究性教学;从学生的视角看,学生在教师的指导下,遵循科学研究的规律,进行自主探索和研究,则是研究性学习。教与学相互依存,互为存在。笔者认为,研究性教学和研究性学习是一个事物的两个方面,本质上是统一的。

（二）研究与探究问题

高等教育和基础教育都可以开展研究性教学和学习,但在不同阶段教学目标、教学内容、教学要求等是不一样的。相对而言,高等教育阶段是专业学习,研究性教学的目标是要高于基础教育阶段的,科学研究的性质更强一些。因此,笔者认为高等教育阶段开展的研究性教学应称之为研究性教学,基础教育阶段开展的研究性教学应称之为探究性教学,以显示有所区别。[①]

（三）研究性与研究型问题

研究性教学、研究性学习是从研究性教学或学习的性质和特征的角度而言的,研究型教学、研究型学习是依据其性质和特征而进行的归类,一是分类,一是归类(即属于研究性教学的就是研究型教学,属于研究性学习的就是研究型学习),其本质上也是统一的。"探究性教学""探究性学习"和"探究式教学""探究式学习"的关系也是分类和归类的关系。

---

① 在基础教育阶段,称之为探究性教学或探究性学习者居多,但也有称之为研究性教学或研究性学习的,如教育部《普通高中"研究性学习"实施指南(试行)》(教基〔2001〕6号);《国家中长期教育改革和发展规划纲要(2010—2020年)》在关于高中阶段教育的论述中指出:"积极开展研究性学习、社区服务和社会实践。"

综合以上分析，为了减少不必要的混乱，进一步规范术语的运用，笔者建议，在高等教育阶段，只使用"研究性教学"和"研究性学习"两个术语，在基础教育阶段只使用"探究性教学"和"探究性学习"两个术语。本书研究的对象是高校汉语语言学课程的研究性教学问题，因此，选择"研究性教学"这一术语。

三、研究性教学的核心精神

关于研究性教学，可以从不同的角度和侧面进行定义。目前，研究性教学在政策层面尚无较权威的定义[①]。关于研究性学习，政策层面较权威也较全面的定义是教育部《全日制普通高级中学课程计划（试验修订稿）》（教基〔2000〕3号）作出的："研究性学习以学生的自主性、探索性学习为基础，从学生生活和社会生活中选择和确定研究专题，主要以个人或小组合作的方式进行。通过亲身实践获取直接经验，养成科学精神和科学态度，掌握基本的科学方法，提高综合运用所学知识解决实际问题的能力。在研究性学习中，教师是组织者、参与者和指导者。"如果从教、学相互依存的角度看，研究性学习是在教师指导下进行的，研究性学习的定义实质上也就是研究性教学的定义。但需要指出的是，上述定义是关于高中阶段的研究性学习的。大学研究性教学和高中研究性教学在要求和层次方面还是有一定区别的，前者科学研究性更强，更突出研究的成果和创新（这一点详见后文关于不同教育阶段研究性教学目标的论述）。

---

① 教育部《关于进一步加强高等学校本科教学工作的若干意见》（教高〔2005〕1号）中提出，要"积极推动研究性教学，提高大学生的创新能力"。但自那时到现在，笔者尚未见国家有关文件对研究性教学进行明确定义，或对其内涵做出较为详细的说明。

　　尽管研究性教学的性质有多重,名称多种多样,定义也有很多种,但其内在核心精神实质上是一样的,那就是教学中的"研究性"。"把研究性教学理念引入本科教学,就在教学与科研之间架起一座桥梁。这不是局部教学方法的改革,而是从大学学术生态系统整体发展的视角,将本科生作为学术共同体的共同探究者。学生探究性学习知识、发展知识的逻辑与教师学术研究的逻辑相一致,使教学与科研的矛盾和冲突在研究性教学过程中得以整合和缓解。"[1]"任何时候,只要教学与研究分离、割裂,它就必然变成灌输,进而异化心灵,不仅异化学生的心灵,而且导致教师的自我异化。"[2] 因此,如果不做过细的学理分析或纠缠于概念,笔者认为,在教学中渗透了"研究"的教学就是研究性教学。反之,不管模式、方法多么新颖,活动、载体多么丰富,如果没有研究性,那就不是研究性教学。研究性教学内在的核心精神是教学中的研究性,研究性教学的其他特点或功能都派生于研究性这一特质。

　　为了防止认识的模糊影响实践,需要对教学中"研究"的特殊性进一步进行认识。教学中"研究"的特殊性体现在两个方面:一是教学性,一是研究性。教学性指的是研究不能偏离教学,不能超越学生的现实基础。研究和学习要有机融合,在学习中研究,在研究中学习,润物细无声,从而实现学生理解掌握知识和获得科研创新能力的教学目标。偏离了教学,就会侧重于研究或变成了纯研究,从而会冲淡学生对知识的理解和消化,也在一定程度上增加了学生学习的负

---

[1]　行龙.引入研究性教学理念　着力提高本科教学质量[J].中国高等教育,2007(22):44-45.

[2]　张华.研究性教学论[M].上海:华东师范大学出版社,2010.

担,最终会导致学生过早地对研究性教学丧失兴趣。研究性指的是研究性教学中的研究不同于科研人员或教师自己所作的科学研究,而是只具有研究性质的研究,是其研究的精神实质、过程方法和思维模式等与科学研究相似。如果拔高要求,以科学研究的标准来要求大学生,教师就会对学生研究成果的粗糙和低层次感到不满,从而渐渐失去对研究性教学的信心。平时的工作交流和探讨中,不少教师都有这样的观点,认为研究性教学开展起来实在困难,学生根本研究不出什么东西来,对于本科生来说,实施研究性教学根本不现实。① 因此,笔者认为对研究性教学中"教学性"和"研究性"这两点及其相互关系的认识非常重要,如果认识不到位,就会阻碍人们有效开展研究性教学或成为人们拒绝开展研究性教学的理由。张华在《研究性教学论》中有一段话,发人深省,引用如下:

> 让我们回到我国的教学实践。1 200万教师采用基本相同的方法向2.2亿学生日复一日、年复一年地传授教科书知识,围绕教科书知识的授受形成以中考、高考为核心的外部考试、评价和管理体制。在这种教学体制中,每一个学生在几乎是单一的接受学习和强化训练中度过9年或12年的学校生涯,这成为他们的宿命。这是对我国教学现状的基本写照。这种教学熟练了知识技

---

① 有的教师甚至认为,大学生的毕业论文或毕业设计质量也不高,师生都在浪费时间,也建议取消。笔者认为,研究性教学和毕业论文或毕业设计等都是基本的学术训练,学生只有通过这个过程,才能获得真正的研究和创新能力。至于有价值的研究成果的取得,那是需要专业知识并要付出长时间的艰辛劳动的,绝不可能一蹴而就。反之,如果没有这种训练,学生又如何获得真正的研究和创新的能力呢?其实,对于教师自己,又何尝不是如此,我们不也是在一篇篇"水平较低的文章"的撰写中,不断提高,不断思索,才逐渐获得科研能力的吗?

能,却压抑了创造个性。试想一个社会中,每一个个体在长到 15 岁或 18 岁时从未从事过真正的创造,几乎没有体验过探究的快乐,这个民族的创造性将是怎样的状况? 这是对人类创造精神的压抑和摧残。"①

如果再看下高校课堂的教学现状,人们就会更深刻地体会到张华所指出的"对人类创造精神的压抑和摧残"的严重性,同时更为大学生继续接受这种"对人类创造精神的压抑和摧残"而忧心。我们每个人心灵中都有一颗创新创造的种子,只是因为环境的原因,长期缺乏阳光的照耀和雨露的滋润,使这颗弥足珍贵的种子一次次错过季节,甚至最终丧失生命的活力。研究性教学,就是催生我们心灵中创新创造这颗种子的阳光和雨露,我们有什么理由拒绝呢?

‖ 第二节　研究性教学的意义

关于研究性教学的重要意义,国家相关政策文件提到了很多,专家学者也进行了充分的论述,这里不一一赘述。本节只从宏观层面简要地谈创新型人才培养和深化教育教学改革这两个主要的方面。

一、锻炼学生实践创新能力,培养创新型人才

江泽民同志指出:"创新是一个民族进步的灵魂,是一个国家兴旺发达不竭的动力。"习近平总书记在党的十九大报告中指出:"创新是引领发展的第一动力,是建设现代化经济体系的战略支撑。"国家对创新型人才的培养高度重视,早在1999 年发布的《中共中央国务院关于深化教育改革,推进素质教育的决定》(中发〔1999〕9 号)中就提出,要"激发学生独

---

① 张华.研究性教学论[M].上海:华东师范大学出版社,2010.

立思考和创新的意识",“培养学生的科学精神和创新能力"。教育部《面向 21 世纪教育振兴行动计划》中提出:“瞄准国家创新体系的目标,培养造就一批高水平的具有创新能力的人才。"培养具有实践创新能力的人才,需要一定的依托和途径。教育部《关于进一步加强高等学校本科教学工作的若干意见》(教高〔2005〕1 号)中提出,要“积极推动研究性教学,提高大学生的创新能力"。“大学课程教学不仅承担着传承知识,更肩负着创新知识的使命。……研究性教学在培养学生的综合能力的过程中将发挥越来越重要的作用,它将成为综合性实践课程的主要教学方法。"① 可见,研究性教学对于锻炼学生的实践创新能力有着重要的意义。

胡锦涛同志在庆祝清华大学建校 100 周年大会上的讲话指出:“当今世界正处在大发展大变革大调整时期。世界多极化、经济全球化深入发展,世界经济格局发生新变化,综合国力竞争和各种力量较量更趋激烈,世界范围内生产力、生产方式、生活方式、经济社会发展格局正在发生深刻变革。特别是创新成为经济社会发展的主要驱动力,知识创新成为国家竞争力的核心要素。在这种大背景下,各国为掌握国际竞争主动,纷纷把深度开发人力资源、实现创新驱动发展作为战略选择。"党的十八大报告明确提出要“实施创新驱动发展战略",党的十九大报告进一步提出要“加快建设创新型国家"。在创新驱动发展成为国家战略的时代背景下,高校承担了知识创新和高层次创新人才培养的重任。“大学不仅是传授先进科学知识的殿堂,也是传授科研方法、树立科学精神的阵地。大学生在完成学业过程中,通过教师精巧设计

---

① 赵洪. 研究性教学与大学教学方法改革[J]. 高等教育研究,2006（02）: 71-75.

的'研究性教学'过程,在知识、能力、素质、方略等诸多方面得到全面的提升,从而实现培养具有创新精神、创新意识和创新潜能的创造性人才之目标。"① 因此,在高校中广泛、深入开展研究性教学,努力培养创新型人才,对于实现创新驱动发展、建设创新型国家有着重要的意义。

二、深化教育教学改革,创新人才培养模式

创新型人才的培养是时代赋予高等教育的光荣使命,也是对高等教育提出的时代挑战。高等教育要不辱使命,培养造就一大批拔尖创新人才,就需要不断深化教育教学改革,创新人才培养模式。教育部《关于全面提高高等教育质量的若干意见》(教高〔2012〕4号)提出,要"创新教育教学方法,倡导启发式、探究式、讨论式、参与式教学"。教育部、中央宣传部、财政部、原文化部、原总参谋部、原总政治部、共青团中央等部门《关于进一步加强高校实践育人工作的若干意见》(教思政〔2012〕1号)提出:"要加强大学生创新创业教育,支持学生开展研究性学习、创新性实验、创业计划和创业模拟活动。""着力推动基于问题的学习、基于项目的学习、基于案例的学习等多种研究性学习方法,加强学生创新能力训练,'真刀真枪'做毕业设计。"《国务院关于印发统筹推进世界一流大学和一流学科建设总体方案的通知》(国发〔2015〕64号)提出,要建设世界一流大学和一流学科,实现我国从高等教育大国到高等教育强国的历史性跨越。该方案具体建设任务中提出要"培养拔尖创新人才"。拔尖创新人才如何培养,这对高等教育理念转变和教育教学改革等都提出了新的时代要求。在人才培养体系中,本科教学具有重要而

---

① 张伟刚.大学研究性教学与科研方法[J].高等理科教育,2009(02):65-68,103.

基础性的意义。2018 年 6 月 21 日，国家召开新时代全国高等学校本科教育工作会议，教育部部长陈宝生的大会讲话主题是《坚持以本为本　推进四个回归　建设中国特色、世界水平的一流本科教育》，"高教大计，本科为本；本科不牢，地动山摇"，这次会议把一流本科教育的重要性提到了新的高度，同时对一流本科教育提出了新的更高的要求。实现一流本科教育，就要坚持以本为本，推进四个回归，就要不断深化教育教学改革，创新人才培养模式。"在本科教学中引入研究性教学理念，把着力点放在培养学生的创新精神与实践能力上，是提升本科教学质量的一个重要突破口。"[①] 引入研究性教学理念，开展研究性教学，是高等教育转变教育思想、深化改革的重要内容，对于高校担负起时代赋予的重任、建设发展为一流高校、培养出一流人才等具有紧迫而深远的意义。

[①] 行龙 . 引入研究性教学理念　着力提高本科教学质量 [J]. 中国高等教育,2007(22):44-45.

第二章

高校研究性教学存在的问题与思考

研究性教学是一项系统工程。随着其进程的不断加深，要求也在逐渐提高，一些与学校类型、层次以及学科专业等密切相关且带有全局性和深层次性的问题也逐渐显现，亟须认真分析，积极面对，提出有效对策。

‖ 第一节　高校研究性教学存在的主要问题

较多研究都谈到了高校研究性教学存在的问题，有的还做了实证研究，如姚利民、康雯运用问卷调查法对教师和学生的调查发现，大学开展研究性教学的现状不容乐观。[1] 岳伟、张文言、黄道主通过对某高校教师群体进行问卷和访谈调查发现，研究性教学存在的主要问题如下：教师参与研究性教学的意愿不强烈，研究性教学实践存在盲目性，学校课程设置不适应研究性教学需要，研究性教学管理与考核方式不完善等。[2] 高校研究性教学除了上述一般谈得较多的诸如教师、学

---

[1] 姚利民,康雯. 大学研究性教学现状与原因分析[J]. 中国大学教学,2009(01):19–23.

[2] 岳伟,张文言,黄道主. 高校本科研究性教学遭遇的困难与建议——基于 X 高校教师群体的实证分析[J]. 江西教育学院学报,2013(01):49–52,66.

生、课程、教学管理与考核方式等具体问题外，以下几方面带有全局性和深层次性的问题也需要引起足够的重视。

一、高等教育与基础教育研究性教学之教学目标界限模糊

作为一种新的教育教学思想，研究性教学既适合高等教育，也适合基础教育，不仅大学积极倡导开展研究性教学，中小学研究性教学也开展得如火如荼，而且还有具体的课程形态作为载体予以促进和保证。但高等教育与基础教育毕竟处于不同的阶段，高等教育是专业学习，基础教育主要是基础文化课程学习，研究性教学在教学目标方面应该是有所区别的。但目前来看，二者的教学目标界限比较模糊，相应地也就导致高校研究性教学自身的教学目标不够明确，可操作性不强。《义务教育物理课程标准（2011年版）》在前言中提出："注重采用探究式的教学方法，让学生经历探究过程，学习科学方法，培养其创新精神和实践能力。"这是基础教育对研究性教学目标提出的要求。对于高等教育来说，很多研究也提出了研究性教学的教学目标，但比较一下，也基本上是"让学生经历探究过程，学习科学方法，培养其创新精神和实践能力"这几者。区别在什么地方呢？上述物理课程标准在课程目标中提出："经历科学探究过程，具有初步的科学探究能力，乐于参加与科学技术有关的活动，有运用研究方法的意识。"1998年颁布的《中华人民共和国高等教育法》提出，本科教育要使学生具有从事本专业实际工作和研究工作的初步能力。二者比较，前者的目标是使学生"具有初步的科学探究能力"，后者是使学生"具有从事本专业研究工作的初步能力"，表述有所不同，但都是培养"初步能力"。虽然高等教育是培养学生"具有从事本专业研究工作的初步能力"，但

对"专业研究"的内涵没有明确做出界定,也没有与基础教育阶段的相关要求做出必要的区分。

二、不同类型、不同层次高校研究性教学目标个性不突出

研究性教学对于激发学生的潜能,提高他们的科研水平和创新能力确实有着十分重要的价值,但学校类型不同、层次不同,其研究性教学的目标定位也应该是不同的。目前,研究性教学的目标还没有很好地与高校类型、层次等相适应,不同类型、不同层次高校研究性教学的教学目标个性不突出。

(一)不同类型高校研究性教学的目标与特点

高校可以从不同的角度进行分类。从偏重教学还是研究的角度看,有的定位为研究型的,有的定位为教学型的,也有的定位为教学研究型的;从偏重学术研究还是实践应用的角度,则可以区分出学术型的高校(如"985""211"等一些重点高校)和应用型高校(如多数的地方本科院校及高职高专院校)。类型不一样,其人才培养目标、培养规格和人才培养模式也是不一样的。因此,同是开展研究性教学,目标要求和途径、方法等也应是不一样的。学术型高校以培养具有学术研究能力的人才为主要目标,所以实施研究性教学,不仅深度、广度、难度等方面要超出应用型高校,更重要的是其培养的途径和方法主要是通过理论思考和实验研究。而应用型高校以培养具有较强实践能力的应用型人才为主要目标,培养的途径和方法主要是加强实践教学,校企合作、教产融合,在实践中培养学生实际应用能力以及分析问题、解决问题的能力,所以研究性教学适宜于围绕解决社会生产中的实际问题而展开。

（二）不同层次高校研究性教学的目标与特点

除了类型，高校还有层次的问题，同一类型的高校，还可以区分出不同的层次。例如，同是培养应用型人才的高校，有层次较高的一些理工科院校，也有以服务地方经济社会发展为主的地方本科院校，还有较多的以技术技能型人才培养为主的高职高专院校。显然，在不同层次的高校开展研究性教学，其教学目标、教学要求和实现的途径、方法是大不相同的。但目前所见，高校层次和研究性教学之间的关系尚没有引起足够的重视，系统研究的力度和深度也不够。当然，与高校层次类似的问题还有学生的层次问题，学生有专科生、本科生，还有硕士研究生①和博士研究生。同样开展研究性教学，对不同层次的学生要求也是应该有所区别的。

三、与学科、专业、课程相应的研究性教学评价体系不完善

如果再深入一步，开展研究性教学，还有学科、专业、课程等方面更具体的问题。学科、专业、课程之间关系密切。高校的学习，学科是基础，专业是依托，课程是具体承载单元，三者相互依存。因此，在研制研究性教学的评价体系时，要综合考虑学科、专业和课程这三个因素，不可孤立地只考虑一方面。另外，不同学科、专业、课程，其性质也是不一样的，有时甚至差别很大，如文学、理学、工学分属不同的学科门类，其性质是不一样的。即使同属一个学科门类的专业，其性质也不一样，如同属文学门类的汉语言文学专业和新闻学专业，彼此差距就比较大。根据《普通高等学校本科专业

---

① 硕士研究生也有学术型研究生和专业学位研究生的区别，同是开展研究性教学，教学目标也应该有所不同。

目录和专业介绍（2012 年）》[①]，学科门类有 13 大类，专业类有 92 个，专业有 506 种。如果再具体到课程，那情况就更复杂多样了。因此，目前有的高校虽然制定了研究性教学的评价体系，但尚没有很好地与学科、专业、课程贯通，使之成为一个较为完善的科学评价体系。

四、研究性教学管理制度小系统与学校教学管理大系统不协调

不少研究在谈到研究性教学开展困难时，都提到了高校重视不够、缺乏制度保障这些因素。重视不够和缺乏制度保障这固然是其中原因之一，但这只是表层的原因。事实上，也有一些大学领导很重视研究性教学，理论水平也很高，期刊上很多高质量的研究性教学文章就出自他们之手。需要深思的是，为什么诸多高校都没有（或没有健全的）研究性教学的管理制度体系，存在开展困难、推进缓慢的问题呢？一个很重要的原因就是在制定研究性教学的管理制度时，局限于研究性教学本身，过多地在研究性教学内部转圈，为研究性教学而研究性教学，没有充分考虑到学校的类型、层次以及办学定位与人才培养目标等要素，没有很好地将研究性教学这一小系统融入整个学校教学管理这一大系统中，因此得不到理解和支持，甚至遭到排斥和抵触。高校研究性教学目标不明确，学校类型、层次以及学科、专业、课程与研究性教学之间的关系没有梳理清楚，要想制定出一套科学合理且可操作性强的管理制度是比较困难的。

当然，除了上述几个主要方面外，研究性教学没有确切的文件定义，术语使用不规范，没有具体的承载课程形态来

[①] 教育部高等教育司. 普通高等学校本科专业目录和专业介绍（2012年）[S]. 北京：高等教育出版社，2012.

实现等,也从制度、学理和操作层面给研究性教学的开展和评价带来一定的困难。

‖ 第二节　对高校研究性教学存在问题的思考

对于目前高校研究性教学存在的上述主要问题,可从以下几个方面进行探索和思考,提出有针对性的解决问题的策略。

一、系统设计贯通基础教育与高等教育的研究性教学体系

人才的培养是一个长期的过程。创新型人才的培养不仅是一个长期的过程,更是一个艰巨的过程,没有科学系统的设计,要实现起来是很困难的。为了进一步发挥研究性教学在创新型人才培养和创新型国家建设方面的作用,首先应该认真调查分析一下基础教育和高等教育研究性教学的现状,然后系统设计一套贯通基础教育与高等教育的研究性教学体系,使之成为一个目标明确、过程清晰、重点突出、循序渐进的研究性教育教学体系。

目前所谈研究性教学的目标很多,但体系性特别是在实践中的操作性不强。目标不明确,必然导致评价的标准不明确;操作性不强,必然导致开展的困难。基于研究性教学的性质和特点,笔者认为研究性教学的目标可以分为三个基本层面:一是科研的思想意识,二是科研的过程方法,三是科研的成果与创新。

科研的思想和意识是最基本的,应该体现、渗透于各个教育阶段。在中国的文化和教育环境下,科研的思想意识形成越早越好,越早其价值就越大。因此,相对于高等教育,基

础教育的研究性教学更要注重对学生科研思想意识的熏陶和激发。科研的基本过程和方法是一样的,但具体到不同的学科专业,过程尤其是采用的具体研究方法会有差别。大学学习主要是专业学习,因此,相对于基础教育,大学的研究性教学在过程方法方面学科专业的特点要更明显一些,尤其是带有学科专业个性特点的特殊研究过程与方法应作为教学的重点内容。任何研究都希望取得一定的研究成果和创新,这一点也是相同的。但基础教育和高等教育分属不同的阶段,相对而言,大学生无论是专业知识水平还是研究能力都要强于中小学生,相应地,大学生研究的成果层次和创新性也就会高于中小学生。因此,开展研究性教学,在研究的成果与创新方面,对高等教育的要求就要高于基础教育。大学生在实际研究中要尽可能取得一定的科研成果,且要力求有所创新。[①] 当然,基础教育和高等教育内部又分为不同的阶段,还可以根据不同阶段的特点,在思想意识、过程方法和成果创新三个方面进一步细化。例如,就高等教育而言,对本科生、硕士研究生、博士研究生成果质量和创新等方面的要求可以是不同的。

　　不同阶段研究性教学的目标可以图示如图 2-1,其中思想意识方面可以再区分出意识和思想两个层面,过程方法可以区分出过程和方法两个层面,成果创新可以区分出成果和创新两个层面,箭头所指方向代表要求逐渐提高。

[①] 正是基于这样的认识,所以在第一章中建议基础教育阶段的研究性教学称为"探究性教学"或"探究性学习",高等教育阶段的称为"研究性教学"或"研究性学习"。

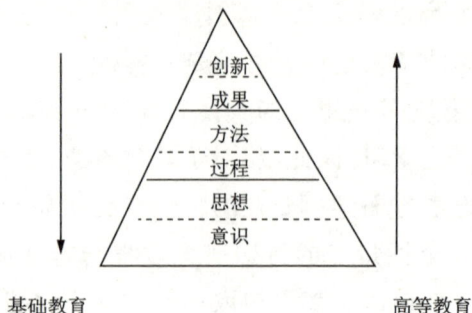

图 2-1　不同教育阶段研究性教学目标结构图

二、构建不同类型、不同层次高校研究性教学目标的结构体系

高校类型有不同,层次有不同,研究型大学以培养学术型人才为主,应用型高校以培养应用型人才为主,而高职高专以培养技术技能型人才为主。在不同类型、不同层次的高校开展研究性教学,应充分尊重不同高校的特点和人才培养目标。以培养学术型人才为目标的研究型大学,开展研究性教学时,应以理论创新和发明创造为目标,努力把研究性教学和学术型人才培养紧密结合起来。以培养应用型人才为目标的应用型高校,应以知识应用和技术研发为目标,努力把研究性教学和解决社会、生产中的实际问题结合起来。以培养技术技能型人才为目标的高校,应以技术改良和工艺优化为目标,以解决生产实践中所在岗位遇到的问题为切入点,努力把研究性教学与技术技能训练结合起来。根据不同类型、不同层次高校的特点及其人才培养目标,研究性教学的性质和教学目标结构如表 2-1 所示。

表 2-1 不同类型、不同层次高校研究性教学性质与教学目标结构

学校类型与层次		人才培养目标	研究性教学性质	研究性教学目标
研究型	重点大学	学术型人才	学术性、研究性教学（学术研究）	理论创新与发明创造
应用型	一般本科	应用型人才	应用性、研究性教学（应用研究）	知识应用与技术研发
	高职高专	技术技能型人才	技术性、研究性教学（技术研究）	技术改良与工艺优化

注：本表只考虑了高校的类型和层次，如再考虑到学生的层次，则还可以进一步细化。

《国家中长期教育改革和发展规划纲要（2010—2020年）》提出，要"努力培养造就数以亿计的高素质劳动者、数以千万计的专门人才和一大批拔尖创新人才"。该文件对人才的数量和规格提出了三个层次的结构要求，如果拿上述结构表与之对应，技术性、研究性教学主要是为实现培养数以亿计的高素质劳动者服务的，应用性、研究性教学主要是为实现培养数以千万计的专门人才服务的，学术性、研究性教学主要是为实现造就一大批拔尖创新人才服务的，研究性教学目标结构与人才培养要求之间呈现出较强的系统对应性。

三、研制与学科、专业和课程相应的研究性教学评价体系

除了上述宏观上要依据学校类型和层次确定研究性教学目标外，还要依据学科、专业和课程的性质进一步细化，以建立一套系统科学的研究性教学评价体系。结合前面提出的研究性教学三个层次的目标，在构建与学科、专业、课程相应的研究性教学评价体系时，本书提出如图2-2所示的矢量图。

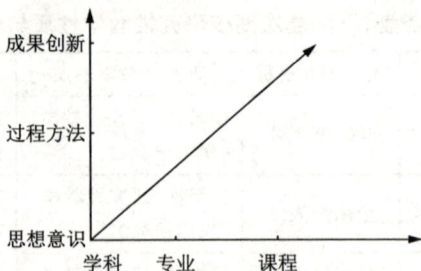

图 2-2　与学科、专业、课程相应的研究性教学评价体系矢量图

在学科层面应注重科研意识、科学精神和科学思维的评价，在专业层面应注重科研过程方法的评价，在具体的课程层面则更应突出对研究性教学成果和创新的评价。这样，由学科、专业到课程就形成一个完整的科学性强的评价体系。例如，在制定某一门课程的研究性教学评价体系时，首先就要确立学科、专业和课程三方面的评价内容，学科层面以科研意识、科学精神和科学思维方法为主要评价内容，专业层面以科研的过程和方法为主要评价内容，课程层面以具体的研究成果和创新为主要评价内容；然后再根据课程的学科性质及其在专业中的地位和作用，确定三个层面评价内容的分值权重。理论性强的课程可以适当增加前者的分值比例，实践性强的课程可以适当增加后两者的分值比例。这样的评价体系其明显的特点是具有整体性，避免零碎和各自为政，让研究性教学向真正的科学研究靠近、回归。

四、建立一体化的研究性教学管理与保障制度体系

要有力地推动研究性教学，培养实践创新人才，需要教育主管部门、高校的共同努力，以建立一套一体化的研究性教学管理与保障制度体系。关于这一点，以下两方面应是努力的重点。

（一）把研究性教学纳入合格评估指标体系和教学质量分析报告

这一点主要是从国家制度层面而言的，具体来说有以下工作要做：要在相关的文件中对研究性教学的性质和内涵等进行界定和说明，对使用的术语进行规范，以确立其身份和地位。目前高校合格评估的指标体系中并没有对研究性教学提出明确的要求，如普通高等学校本科教学工作合格评估指标体系中[①]，教学方法与学习评价的基本要求如下："有鼓励教师积极参与教学方法改革的政策和措施，注重学生创新精神培养，教师能够开展启发式、参与式等教学，课程考核方式科学多样。"虽然其中提及教学方法改革、创新精神培养等内容，但并没有像对"启发式""参与式"一样，对研究性教学提出明确的要求。教育部 2012 年关于编制本科教学质量报告的通知[②]中，明确将学生创新创业教育纳入编制的基本要求中，但对研究性教学则没有明确要求。创新人才培养、创新驱动已成为国家的战略决策，作为能有效培养学生实践创新能力的研究性教学，理应受到应有的重视。因此，就需要积极将研究性教学纳入合格评估指标体系和质量分析报告中，对之提出明确要求，从制度层面加以促进和保障。

（二）建立一体化的研究性教学管理办法与评估体系

经济社会不断发展，产业结构不断升级，对高校人才培养和结构调整提出了新的要求。各高校也都在积极应对，不断调整自己的办学定位和人才培养目标，优化学科专业结构

---

① 《教育部办公厅关于开展普通高等学校本科教学工作合格评估的通知》（教高厅〔2011〕2 号）.

② 《教育部办公厅关于普通高等学校编制发布 2012 年本科教学质量报告的通知》（教高厅函〔2013〕33 号）.

和课程体系,有的高校甚至重新规划自己的办学类型和办学层次。研究性教学不单纯是一种(课堂)教学方法,更是一种创新型人才培养的教学模式和教育思想,既具有局部性,又具有全局性。此外,研究性教学需要教师投入更多的时间和精力,对教师的教学、科研水平也提出了更高的要求。因此,实施研究性教学是一项系统的教学改革工程。高校在制定管理办法和评价体系时,要充分考虑到学校类型层次、办学定位和人才培养目标以及学科专业和课程性质等要素,精心设计一套一体化的研究性教学管理办法与评价体系,并使之融入学校的整体教学管理和评价体系之中。

为避免因要求过高或路径选择不当造成管理、推进困难,效果不佳,结合前面的分析,在制定研究性教学的管理办法和评价体系时,整体上应该围绕以下思路进行:以学术型人才培养为目标的研究型高校,应以知识发现、理论创新与发明创造为目标,将研究性教学和科研相融合,教学即科研,科研即教学,走教学科研化、科研教学化的道路。对于以应用型人才培养为目标的应用型高校,应以知识应用和技术研发为目标,将研究性教学和实践应用相结合,校企合作,教产融合,走在应用中研究、在研究中应用的道路。以技术技能型人才培养为目标的高校,应以技术改良与工艺优化为目标,将研究性教学和岗位工作及生产实践相结合,立足岗位,超越岗位,走在生产中研究、在研究中生产的道路。

创新型人才的培养是创新型国家建设的迫切需要和必然选择,研究性教学是培养创新型人才的重要途径和方法,在新的时代背景下,需要从更高层面对其进一步进行系统研究和设计,以充分发挥其应有的价值和功能。

第三章

语言学课程研究性教学
概况和构想

研究性教学对于培养学生的实践创新能力和深化教育教学改革的重要意义,在高校语言学界同样得到了广泛的认同。不少教师在教学中进行了深入的探索和实践,并从理论层面进行了思考和总结,取得了较为丰富的研究成果,既有力地推动了汉语语言学课程的教学改革,又极大地提高了人才培养的质量。

‖ 第一节　语言学课程研究性教学的现状

一、语言学课程研究性教学的成果

语言学课程研究性教学在很多方面都取得了一定的成绩,综合起来,主要表现为以下两个方面。

(一)研究性教学开展的面较广

近年来,汉语语言学课程研究性教学开展的面越来越广,涉及了现代汉语、古代汉语、语言学概论、汉字文化、汉语史等多门语言学课程的教学,发表了较多的理论文章,如丁俊苗的《基于问题意识的〈现代汉语〉研究性教学》①、吴汉江的《对外汉语专业现代汉语课程研究性教学的思考》②、鞠彩萍的《大学课程教学中研究性学习初探——以古代汉语课程教学为例》③、庄素真的《探究式教学法在古代汉语教学中的运用》④、范新干的《在研究中学习，在学习中研究——从古代汉语比证说到本科研究性学习》⑤、崔山佳的《语言类课程群研究性学习与学生科研能力、创新能力的培养》⑥、甘智林的《语言学概论课程研究性学习的指导原则与教学模式》⑦、暴希明的《汉字文化课研究性教学的实践与思考》⑧。

（二）研究性教学的内容较为丰富

研究性教学的内容较为丰富，涉及了研究性教学的很多方面，归纳起来主要表现在以下几个方面。

1. 语言学课程研究性教学的意义、特点和可行性等问

---

① 丁俊苗.基于问题意识的《现代汉语》研究性教学[J].三门峡职业技术学院学报,2009(02):64-67.

② 吴汉江.对外汉语专业现代汉语课程研究性教学的思考[J].林区教学,2012(01):32-34.

③ 鞠彩萍.大学课程教学中研究性学习初探——以古代汉语课程教学为例[J].常州工学院学报(社科版),2008(06):111-113.

④ 庄素真.探究式教学法在古代汉语教学中的运用[J].科教文汇(上旬刊),2010(09):87-89.

⑤ 范新干.在研究中学习,在学习中研究——从古代汉语比证说到本科研究性学习[J].焦作大学学报,2010(04):110-111.

⑥ 崔山佳.语言类课程群研究性学习与学生科研能力、创新能力的培养[J].现代语文(语言研究版),2011(01):111-114.

⑦ 甘智林.语言学概论课程研究性学习的指导原则与教学模式[J].武陵学刊,2013(03):135-137.

⑧ 暴希明.汉字文化课研究性教学的实践与思考[J].殷都学刊,2009(03):126-129.

题。如上面崔山佳的文章基于语言类课程群的研究性学习，以较大的篇幅论述了大学生研究性学习的意义、特点和大学生研究性学习与创新能力培养的可行性等问题。

2. 语言学课程研究性教学的思路、途径、模式和方法策略等问题。如上面丁俊苗的文章提出了现代汉语课程中基于"问题意识"的研究性教学思路，吴汉江的文章提出了实施研究性教学的具体途径，甘智林的文章提出了引导式、问题驱动式和开放式等研究性教学模式，范新干的文章提出了实施研究性的一种具体策略——比证。

3. 语言学课程研究性教学的重点内容、主要环节和注意点等问题。如上面鞠彩萍的文章强调了研究性教学应注重培养学生的自主学习能力、创新能力、科研能力，激发学生的学习兴趣，要更新教学手段，灵活设置作业，充分利用网络资源等。庄素真的文章根据古代汉语课程特点，重点强调了教材中适宜开展研究性教学的谬处、歧处、疑处等教学研究对象问题。

二、语言学课程研究性教学的不足

语言学课程研究性教学虽然取得了很大的成绩，但是从整体来看，依然存在诸多不足，主要表现在以下几方面。

（一）多在单门课程中进行实践，规模较小

虽然诸多教师都热心并努力实践研究性教学，但就目前所见，一般是就自己所承担的某门课程的教学进行研究性教学，单打独斗，语言学各门课程之间没有很好贯通，没有形成有规模的研究性教学。因此，研究性教学的整体效果不能得到很好显现。

（二）缺乏整体设计与推进方案，较为分散

语言学学科知识体系结构严密，系统性强。语言学课程虽然门类很多，但相互之间是一个有机联系的整体。在语言

学课程中开展研究性教学,应该进行系统设计,确立各门课程研究性教学的目标和重点,整体推进。但目前所见,语言学课程研究性教学仍然较为分散,系统设计、整体推进的成果不多。

(三)系统整理与挖掘不够,理论化不足

不同学科、不同课程其性质是不一样的。实施研究性教学,应该有共性,但也有个性。例如,同是汉语言文学专业,语言学课程和文学课程的研究性教学是应该有所区别的。语言学课程的研究性教学,应基于语言学课程的性质和特点,形成有针对性的、特色鲜明的语言学课程研究性教学体系。但目前所见,系统整理与深入挖掘不够,研究性教学的理论化不足,语言学课程的研究性教学所谈问题仍然较为宽泛,系统性不强,语言学课程研究性教学应有的特色没有得到充分彰显。

从以上分析可以看出,语言学课程研究性教学得到了广大教师的重视,并在实践中取得了一定的理论成果,但整体上看,应该还是处于起步和探索的阶段。语言学课程教学肩负语言学创新人才培养的重任。进一步推进语言学课程的研究性教学,形成语言学课程的研究性教学体系,培养更多的创新型人才,还需要广大语言学课程教师和专家学者的共同努力,付出更多辛勤的劳动和汗水。

‖ 第二节　语言学课程研究性教学的意义

语言学的学科性质比较特殊,语言学课程地位也很重要。在语言学课程中开展研究性教学,非常适宜和必要,对于培养大学生语言学的实践创新能力、深化语言学课程教育教学改革、切实提高人才培养质量意义重大。

一、语言学学科性质与语言学课程的地位

语言是人类社会重要的联系纽带和组成要素,随着人类社会的发展而不断演变发展。语言是一个复杂的现象。从社会功能的角度看,语言是人类最重要的交际工具;从思维的角度看,语言是最重要的思维工具;从语言本体的角度看,语言是一个声音和意义相结合的符号系统。语言学是研究语言的科学,因此,其学科性质也很复杂。语言学既具有社会科学的性质,又具有自然科学的性质,同时具有强烈的社会实践性,"它在整个科学体系中占有重要的地位"[①]。

根据国家《学科分类与代码》(《中华人民共和国国家标准 GB/T13745-2009》),语言学学科是一个与文学、艺术、历史等学科并列的一级学科门类,涵盖普通语言学、比较语言学、语言地理学、社会语言学、心理语言学、应用语言学、汉语研究、中国少数民族语言文字、外国语言、语言学其他学科等十个二级学科。其中,汉语研究涵盖了普通话、汉语方言、汉语语音、汉语音韵、汉语语法、汉语词汇、汉语训诂、汉语修辞、汉字规范、汉语史等十个三级学科。[②]

根据教育部《普通高等学校本科专业目录和专业介绍(2012 年)》,中国语言文学类专业有汉语言文学、汉语言、汉语国际教育、中国少数民族语言文学、古典文献学五个专业。[③] 这些专业中,语言学课程占有重要的位置,课程门数较多,如最新颁布的《普通高等学校本科专业类教学质量国家

---

① 叶蜚声,徐通锵.语言学纲要[M].第 3 版.北京:北京大学出版社,1997.

② 《中华人民共和国学科分类与代码国家标准》(《中华人民共和国国家标准 GB/T13745-2009》).

③ 教育部高等教育司.普通高等学校本科专业目录和专业介绍(2012年)[S].北京:高等教育出版社,2012.

标准》对汉语言文学专业、汉语言专业课程的规定如下。①

（一）汉语言文学专业

专业基础（必修）课程有语言学概论、古代汉语、现代汉语。

专业（选修）课程有汉语史、文字学、音韵学、语法学、训诂学、方言学、应用语言学、社会语言学。

（二）汉语言专业

专业基础（必修）课程有语言学概论、古代汉语、现代汉语、汉字学、方言学。

专业（选修）课程有语音学、文字学、词汇学、语法学、修辞学、音韵学、训诂学、社会语言学、应用语言学、计算语言学、现代汉语专题、汉语史、中国语言学史、中国传统语言文字学论著选读、欧美语言学史、西方现代语言学论著选读。

从课程体系来说，这些课程既有专业基础性的课程，如语言学概论、古代汉语、现代汉语，也有提高性的主干课程，如文字学、汉语史、语言学史，还有专题性的方向类课程，如语音学、词汇学、语法学、修辞学。从课程性质来说，有的偏重于工具性，有的偏重于理论性，有的偏重于实践性，有的则兼有其中的一种或多种性质，如现代汉语课程，既有工具性、理论性，也有很强的实践性。语言学课程在高校汉语言文学专业、汉语言专业课程体系中占有重要的地位，既是学生学好汉语言文学专业的基础，为他们将来从事汉语言和文学的相关工作打下基础，又具有一定的独立性，对丰富学生的语言学知识、培养他们的语言运用和语言研究能力具有重要的作用。另外，除中国语言文学类专业外，高校其他许多相关

---

① 教育部高等学校教学指导委员会.普通高等学校本科专业类教学质量国家标准[S].北京:高等教育出版社,2018.

专业也开设有语言学类课程,如汉语国际教育专业、文秘专业、广告学专业、广播电视学专业、新闻学专业、播音与主持专业,汉语国际教育专业甚至以语言学课程为主。因此,在语言学课程中进行研究性教学,不仅对于语言学创新型人才培养有重要的价值,对于文学、广告学、新闻学等专业创新型人才培养同样具有重要的带动和促进作用。

　　语言的规律性强,但又是隐性的。因此,研究语言的语言学逻辑性强,抽象程度高。语言又是人类赖以存在的家园,与我们的生活如影随形。因此,研究语言的语言学又是可感的、鲜活的。汉语语言学课程的学习和研究,既有利于培养、训练学生对语言的敏感性,又有利于培养、训练学生严密的逻辑思维和抽象思维能力,进一步增强对汉语言的自信。相对其他学科而言,语言学特别适合开展研究性教学。

二、语言学课程研究性教学的意义

　　在语言学课程教学中开展研究性教学,意义很多,可以从不同的层面和角度来认识。但是,从学科和教学两个维度来看,其最核心的意义主要有两方面,一是有利于培养大学生语言研究和创新的能力,二是有利于深化语言学课程的教育教学改革。另外,因为汉语言文学专业的很多毕业生将来会从事基础教育的语文教学工作,所以,语言学课程的研究性教学对于学生胜任基础教育语文学科的探究性教学工作也有很重要的意义。

(一)有利于培养学生的语言研究和创新能力

　　《普通高等学校本科专业类教学质量国家标准》对中国语言文学类专业培养能力的要求是"具有感悟、辨析和探究语言文学现象的能力……"质量管理目标是"培养学生具有扎实的专业基础和创新精神、创新能力……"可以看出,语言研究(探究)与创新能力既是专业培养的目标追求,也是专业培养的基本质量要求。[①] 邵敬敏认为,现代汉语课程的教学目标是把学生对于现代汉语的语感从感性认识提高到理性认识上来,以培养他们良好的语言素质和语言能力。所谓的语言素质和语言能力,可以分为三个层面:

第一层面:理解能力和表达能力;

第二层面:分析能力和思辨能力;

第三层面:创新能力和研究能力。[②]

这三个层面的语言素质和语言能力,具有一定的普遍性,不单是现代汉语课程,其实也是整个语言学课程所要努力实现的。就这三个层面语言素质和语言能力的培养来说,要实现第一、第二两个层面的教学目标,传统的课堂讲授方法是基本可以胜任的。教师可以通过课堂系统讲授和一定的技能训练达到目标,但是要实现培养语言"创新能力和研究能力"的教学目标,课堂讲授的方法就难以奏效了。因为传统的教学方法缺少培养学生语言研究和创新能力的有效途径和方法,或因为认识上的误区,有些教师认为研究和创新能力的培养是研究生阶段的学习任务,有意回避大学生研究和创新能力的培养,所以大学生的语言研究和创新能力相当薄弱。从教学实践来看,每年大四的毕业论文选题中,语言学学科的论文选题比例很低,且不少论文完成质量不高。教师稍微要求严一些、高一些,有的学生就转而改写文学一类的论文了。因此,要培养学生语言研究和创新的能力,就必须通过研究性教学,师生共同去探索、去发现、去研究,在

---

① 教育部高等学校教学指导委员会.普通高等学校本科专业类教学质量国家标准[S].北京:高等教育出版社,2018.

② 邵敬敏.现代汉语通论[M].第二版.上海:上海教育出版社,2007.

探索、发现和研究中潜移默化地培养学生语言的研究和创新能力。这是问题的一方面。另一方面，通过研究性教学，在培养学生语言研究和创新能力的过程中，学生的语言理解能力和表达能力、分析能力和思辨能力自然也就得到了很好的锻炼和培养，因而在实现第三层次目标的过程中也就实现了第一、第二层次的教学目标。因此，语言学课程的研究性教学非常有利于培养学生的语言研究和创新能力，相应地，在很大程度上也提高了语言学人才培养的质量。

（二）有利于深化语言学课程教育教学改革

虽然语言学课程的地位非常重要，但由于语言学课程的性质比较特殊，逻辑严密，抽象程度高，有些语言现象还比较复杂，所以很多学生学习起来感觉比较费力，学习的兴趣不高，学习效果也不够理想。对于教师而言，如何教好语言学课程，激发学生的学习兴趣，提高教学效果，也是重要的教学研究内容和谈论的热门话题。近些年来，广大教师在语言学课程的教育教学改革中做了很多努力，提出了很多改革的思路和模式，在课程体系、教学内容、教学方法以及教学手段等方面都取得了卓有成效的改革成果。但是，教育教学改革，改到深处，改到难处，都是教学方法改革。教学方法不变，其他的改革效果都难以实现，或最终流于形式化。客观地说，目前语言学课程的教学方法改革尚没有达到应该达到的程度，研究性教学虽得到了广大教师的重视，在实践中也取得了一定的改革成果，但整体上还处于起步和探索的阶段，理论化程度不高，效果显现不明显。因此，开展研究性教学，培养学生的自主探索、自主研究的语言研究和创新能力，对于创新教学方法、提高教学效果是很有意义的。

（三）有利于学生更好地胜任基础教育语文学科探究性教学工作

教育部颁发的《现代汉语教学大纲》中规定现代汉语课的教学目标如下："贯彻理论联系实际的原则，系统讲授现代汉语的基础理论和基础知识，加强基本技能的训练，培养和提高学生理解、分析和运用现代汉语的能力，为他们将来从事语文教学工作和现代汉语的研究工作打好基础。"《义务教育语文课程标准（2011 年版）》提出，"积极倡导自主、合作、探究的学习方式"，还提出，"能主动进行探究性学习，激发想象力和创造潜能，在实践中学习和运用语文。"[①]教育部《普通高中语文课程标准（2017 年版）》提出："语文课程还应当适应当代社会的发展需要，为培养创新人才发挥重要作用。要引导学生在语言文字运用的过程中发现问题，培养探究意识和发现问题的敏感性，探求解决问题和语言表达的创新路径。"[②]

中小学综合实践活动课程"是从学生的真实生活和发展需要出发，从生活情境中发现问题，转化为活动主题，通过探究、服务、制作、体验等方式，培养学生综合素质的跨学科实践性课程"。该课程"是国家义务教育和普通高中课程方案规定的必修课程，与学科课程并列设置，是基础教育课程体系的重要组成部分"。[③]综合实践活动课程的实施和开展，同样也对学生的课程设计、内容选择、研究表达能力提出了高

---

① 教育部.普通高中语文课程标准[S]. 2011 年版.北京:北京师范大学出版社,2012.

② 教育部.普通高中语文课程标准[S]. 2017 年版.北京:人民教育出版社,2018.

③ 教育部关于印发《中小学综合实践活动课程指导纲要》的通知（教材〔2017〕4 号）.

要求。随着中学语文新课改的实施,要胜任基础教育语文学科探究性教学工作,就要求教师必须是一个训练有素的人和很好的研究者,有发现问题的敏锐眼光,掌握了学术研究的基本过程和方法,具备一定的研究能力和研究性教学能力。前些年新课标的培训中,笔者曾参与了中学语文教师的继续教育工作,讲授探究性学习课程。在教学中,笔者感觉到有些中学语文教师自身研究能力是不足的,研究性教学能力也不高,要想胜任语文探究性教学工作,恐怕是有困难的。己之昏昏,岂能使人昭昭?今天的学生,就是明天的教师,学生要想将来能较好胜任中学语文探究性教学工作,今天就必须切实参与并获得研究性教学的实际能力。因此,在语言学课程中开展研究性教学,对于学生将来更好胜任基础教育阶段语文学科探究性教学工作是有重大意义的,放大一些,甚至有益于一代创新人才的教育和培养。

在语言学课程中开展研究性教学,除了上述几方面重要意义外,学生在过程中培养起来的创新意识和创新精神,受到的科学思维方法的训练,获得的实际的探索研究能力,对于学生在其他课程中的研究性学习,毫无疑问也是具有辐射和带动作用的。

‖ 第三节　语言学课程研究性教学的构想

目标是前进的方向,思路是实现目标的云梯。在语言学课程研究性教学实践和探索中,本书确立了三个层次的教学目标,选择了以问题为中心的研究性教学思路。

一、语言学课程研究性教学的目标

在第二章,本书从一般意义上把研究性教学的目标分为三个层次,即科研的思想意识、科研的过程方法以及科研的成果与创新。对于语言学课程来说，同样要努力实现这三个层次的目标。依据语言学的学科性质、语言学课程的特点及其在专业人才培养中的地位和作用等，这三个目标具体表现为如下几个方面。

（一）培养语言学研究的意识和思想

语言与我们形影不离，鲜活而丰富。但是，语言的结构规律却是隐性、抽象的，看不见，摸不着，需要有敏锐的感知力和深邃的思辨力，才能透过纷繁复杂的语言现象看到语言的本质规律。因此，研究性教学就要悉心培养学生语言研究的思想意识。为了便于认识，本书把语言研究的思想意识分为语言研究的意识和语言研究的思想两个层面。

1. 语言研究的意识

培养学生语言研究的意识，首先就要训练学生对语言的敏感性，能从寻常的语言现象中看到语言的本质；其次要训练学生语言研究的问题意识，能从司空见惯的语言现象中看到问题之所在。"创新的核心是什么？就是运用已知，不断地发现和解决那些尚未解决的'问题'。所以，培养学生的'问题意识'，是培养学生创新精神和能力的根本。发现问题，提出问题，以问题为先导，既是学科研究的起点和不断发展的生长点，也是课堂教学从讲授性教学转变为研究性教学的路径。"[①] 例如，随着网络的普及，每年都会产生大量的网络流行语。近十余年来，有关机构连续向社会发布十大网络用语，如 2016 年度十大网络用语是"洪荒之力""友谊的小船""定个小目标""吃瓜群众""葛优躺""辣眼睛""全是套路""蓝瘦香菇""老司机""厉害了我的哥"，2017 年十大网络

[①] 刘伟. 以"问题"为着眼点积极推行研究性教学[J]. 中国高等教育，2010(01)：48-49.

用语是"打 call""尬聊""你的良心不会痛吗？""惊不惊喜，意不意外""皮皮虾，我们走""扎心了，老铁""还有这种操作？""怼""你有 freestyle 吗？""油腻"。这些网络用语非常富有表现力，产生的原因是什么，有什么特点，对现代汉语会产生哪些影响，这些都是值得思考和研究的。教师在教学中可以就网络用语问题展开研讨，以培养和激发学生的语言研究意识。

2. 语言研究的思想

语言研究的意识是一种朦胧的感觉和冲动，尚不是自觉的状态。语言研究的思想是语言研究意识的提高与深化，是一种对语言感性认识基础上的科学理性的认识，是自觉性的。语言学可以分为理论语言学、描写语言学和应用语言学三类。理论语言学着重探讨语言的一般理论问题，描写语言学着重描写语言的具体结构方式和组合规律，应用语言学着重研究语言在各个领域中实际应用的规律和功能。[①] 因此，培养学生语言研究的思想，就要努力培养学生从语言现象中抽绎出一般理论的思想，从大量语言事实中总结归纳出语言的结构方式和组合规律的思想；随着应用语言学的发展，更要引导学生关注现实语言生活，开启一扇语言应用的窗户，培养学生研究语言实际应用规律的思想。随着时代的发展，每年经济、文化、社会等各领域都会产生大量的新词语。这些新词语或内容新，或形式新，如 2009 年，房价一路攀升，但同时建筑的质量问题也不断暴露，《2009 年汉语新词语》收集了关于房屋质量问题的"ABB"式新词语 14 条："楼薄薄""楼抱抱""楼脆脆""楼断断""楼高高""楼晃晃""楼靠靠""楼垮垮""楼裂裂""楼酥酥""楼歪歪""楼斜斜""墙脆脆""屋

---

① 冯志伟.应用语言学综论[M].广州:广东教育出版社,1999.

漏漏",反映桥梁质量的新词语 4 条:"桥裂裂""桥糊糊""桥塞塞""桥黏黏"。这些新词语的产生,有其特定的背景和原因,其中也有一定的规律。它们丰富了汉语的表现力,很值得分析和研究。2008 年汶川大地震中出现了"范跑跑",在 2009 年年初出现了"躲猫猫"这一词语[①]。上述词语的产生与"范跑跑""躲猫猫"之间有没有关系,也很值得研究。从语言学研究的思想来看,新词语产生的原因和机制及其对汉语词汇的影响,就很值得深入思考和研究。

(二)掌握语言学研究的过程和方法

语言学课程的研究性教学需要通过系统训练,让学生充分认识清楚语言的性质,掌握语言学学科基本的研究过程和研究方法。

1. 语言研究的过程

科学研究的基本过程有很大的共性。语言学研究和其他科学研究一样,基本的研究过程也是发现问题、分析问题和解决问题三个阶段。但是因为研究对象的不同,语言学研究的过程也有其特殊性:问题是隐性的,需要有强烈的问题意识,刨根问底,方能提出问题;分析解决问题,需要亲身去收集语料,或者是深入调查语言事实,才能做出合理的解释。科学研究的能力都是在艰苦求索的过程中获得的,走捷径、短平快都是不切实际的。因此,在研究性教学实践中,要十分重视研究过程的训练,要在研究过程中养成实事求是的科研作风和科研品格。

---

① 侯敏,周荐 . 2009 年汉语新词语[M]. 北京:商务印书馆,2010.

2. 语言研究的方法

语言研究的方法很多,但从整体上看,主要有两大类,一是基本的数据获取方法,一是基本的思维方法。[①] 语言学基本的数据获取方法,有观察收集、田野调查和实验分析等多种。基本的思维方法有两种,即分析归纳和演绎推理。分析归纳主要是在对大量语料比较、分析、抽象的基础上,得出带有普遍性的语言结构规律,由个别到一般,如描写语言学研究方法,而演绎推理则主要是运用逻辑思辨的力量,将一般原理运用到具体情况,推理出结论,构拟出语言的结构规律,如转换生成语法的研究方法。比较而言,归纳分析的方法在实践中更适合于开展研究性教学,演绎推理则可以在分析归纳的基础上进行。当然,实践中,分析归纳和演绎推理两种方法是结合在一起的,只是各有所侧重而已。除归纳和演绎两种基本思维方法外,语言学家还提出了溯因推理的方法。霍珀、特劳戈特在《语法化》(第二版)一书中指出,逻辑学家主要关注归纳和演绎两种推理,如果人类语言是人工语言的话,那么归纳和演绎两种思维就足够了。但是,人类语言不是人工语言,归纳和演绎两种推理并不能充分地说明间接性、表达性和发展变化等问题。因此,皮尔斯提出的第三种推理——溯因推理就需要考虑。溯因推理对于研究语言变化的重要性被安德森阐述得特别清楚。尽管溯因推理经常与归纳推理相混,但是溯因推理是不同于归纳推理的。所谓溯因推理,就是从一个可以观察到的结果出发,依据某一规则,推理出某一情况。如有这样的事实"苏格拉底死了",我们可以把这一事实与"所有人都会死"这一规则联系起来,

---

[①] 桂诗春,宁春岩. 语言学方法论[M]. 北京:外语教学与研究出版社,1997.

因而推测"苏格拉底是人"。溯因推理即使是前提正确,但结论也不一定正确。人们可能把错误的结论与规则进行匹配:苏格拉底可能不是人,而是一只蜥蜴。尽管溯因推理是一种弱推理,但是皮尔斯对之很感兴趣,认为它是人类洞察力的基础,也是能产生新思想的一种推理。安德森及其之后的语言学家也认为,溯因推理对于文化形式发展(包括语言)的研究是必需的。[①]语言是不断发展演化的,词汇化、语法化都是语言发展变化的典型形式。要探究词汇化、语法化等的过程和规律,除归纳和演绎两种基本思维方法外,就很需要溯因推理这种思维方式。

(三)取得语言研究的成果与创新

大学生的研究性教学,不仅注重研究思想意识的养成和研究过程方法的熟悉掌握,对研究性教学的结果也应有一定的要求,要有对研究成果与创新的自觉追求和强烈渴望。

1. 语言研究的成果

语言研究的成果可以分为两个层面,一是理解层面,一是解释层面。针对研究的题目和确定的研究范围,学生走完了研究的全过程,最后对所研究的问题有了较为深入的理解,这就是理解层面的研究成果,解决是什么和知识消化的问题。学生通过广泛查阅资料,或深入调查研究,能对研究的问题作出科学合理的解释,并采用适当的形式完整地表达出来,这就是解释层面的研究成果,解决为什么和知识发现的问题。实践教学中,可以循序渐进,初期或低年级从理解层面提出要求,以后逐渐过渡到从解释层面提出要求。

---

① (美)霍珀,(美)特劳戈特.语法化(第二版)[M].北京:北京大学出版社,2005.

2. 语言研究的创新

创新的目标相对要高一些，学生不仅加深了对问题的理解，或是对问题做出了科学合理的解释，而且在研究性教学的过程中有所发现，得出了与现有认识不一样的结论，提出了新的结论或观点，或是采用了新的材料或方法，进一步证成或证伪已有的观点或理论。研究性教学是教学，毕竟不同于真正的科学研究，再加上本科生的实际水平有限，因此，对研究性教学取得成果或创新的要求，都要站在学生的立场，从学生的现有层次出发，评价其是否取得了研究成果或有所创新，切忌不切实际，人为拔高。一定意义上，学生只要在研究性教学过程中进一步深化了对问题的理解，或采用了恰当的方法去分析论证问题，对研究过程有了真实的体验，即可视为研究性教学取得了成果。

为了便于操作和评价，本书把语言学课程研究性教学的目标分为三个层次。研究性教学是一个完整的过程，实际上这三个目标是寓于整个研究性教学过程中的。在实践中，根据学生层次的不同，可以有所侧重，如对于基础好也有志于继续从事语言学学习和研究的，可以三个目标都有所要求，重点放在取得成果和创新方面，而对于其他学生，则可以侧重于前两个目标，第三个教学目标的要求适当放低。这样处理，就进一步增加了研究性教学的针对性和灵活性，有利于因材施教，也有利于扩大学生的参与面。

学术研究，从最初的选题到具体研究，再到研究成果的取得与创新，事实上是一个长期的、艰难的过程。中国修辞学会会长吴礼权老师曾详细论及其治修辞史的切身体会，对于从事研究性教学和拟进入学术研究殿堂的教师和学生极富启示意义。下面以吴老师关于其修辞史研究的实践与体会来进一步例证和诠释研究性教学的目标问题。汉语修辞史的研究很薄弱，亟须加强研究，但是"汉语修辞史的研究是一个庞大而艰巨的学术研究工程，无论是个人还是多人组合的学术团队，都很难很好地完成"。在此情况下，如何选题、如何研究、如何取得创新性的成果，以推进汉语修辞史的研究，很费思量。对此，吴老师的成功经验包括以下两点：一是要"知己知彼，量力而行"，二是要"找准方向，做细做深"。所谓"知己知彼，量力而行"，就是对自己的学术背景与学术专长要有清醒认识，对自己所选择的研究课题难度要有足够的认识。吴老师曾对中国古典小说进行过专题研究，出版了《中国笔记小说史》《中国言情小说史》等学术专著，对中国古典小说比较熟悉，也非常有兴趣，尤其是对古典小说特定的篇章结构模式及模式化的叙事手法有很深的印象。因此，吴老师选择"古典小说篇章结构修辞史"这个专题进行研究。但是，吴老师并没有选择全部中国古典小说作为研究对象，而是仅选择了其中两种：传奇小说与话本小说。为什么这样选择呢？吴老师认为这两种古典小说流传下来的作品数量有限，可以在一定的时间内凭一己之精力进行全面的调查，并做精确的定量分析。研究完成后，吴老师循着这样的思路，又选择了中国古代的两种文体——八股文和史传文继续进行篇章结构修辞史的研究。所谓"找准方向，做细做深"，"就是在汉语修辞史的研究中，要善于寻找那些既有研究可行性又有价值的课题，然后立定一个视角进行深度研究，就像掘井一样，'开口小，掘进深'"。吴老师认为，学界对古典小说的研究虽然成果丰硕，但是从篇章结构修辞史的角度来讨论、研究中国古典小说的却难得一见。而研究修辞学的学者因囿于修辞辞格研究而疏忽篇章结构修辞研究的传统，不会将视野放到中国古典小说的篇章结构修辞方面。因此,选择传奇与话本小说的篇章结构修辞史问题进行研究,方向就找得很准。这样,研究成果既对古典小说的研究有帮助,也能为汉语修辞史研究的浩大工程做一点非常基础的工作。但是,仅做到找准方向还是不够的,还需要以"解剖麻雀"的方式对所研究的问题进行深度调查分析,做细做深。因此,吴老师采用"解剖麻雀"的方式,"通过对传奇小说与话本小说这两种历史文体的详细考察,用定量统计的方法,以一系列的统计数据表为依据,对传奇小说与话本小说的篇章结构修辞演进模式进行描写,从而清晰地勾勒出这两种历史文体的篇章结构修辞模式的演进轨迹"。正是方向找得准,又做了如此精深的研究,所以,研究成果《古典小说篇章结构修辞史》"在送审台湾省最高学术出版机构——台湾'商务印书馆'时,被审查委员会一致肯定为'极具学术价值'"。[①] 从吴老师治古典小说篇章结构修辞史的成功经验和切身体会可以看出,如果教师能正确指导学生根据自身的实际进行选题,找准研究方向,并做精深的研究,那么,经过这样一个过程,学生在科研的思想意识、过程方法以及成果与创新方面就受到很好的训练,科研的能力就会得到切实的提升。

二、语言学课程研究性教学的进路

研究性教学在具体实施的时候,可以采用多种模式。以问题为中心的研究性教学,围绕问题这一核心,以寻找发现问题为起点,以分析问题、解决问题为过程和终点,目标明确,线路清晰,易于操作。随着问题的不断发现与解决,学生能很好地体验到研究行进的历程,获得强烈的成就感,因

---

① 吴礼权.汉语修辞史研究与汉语修辞学研究的深化[C]// 吴礼权,李索.修辞研究(第一辑).广州:暨南大学出版社,2016:175-191.

此参与的积极性也高。有专家甚至认为，研究性教学"就是以'问题'的方式展开，采用课题研究或项目设计的方式，把传授知识的过程创建成为一种对'问题'的分析、对'方案'的构建和对'求解'的研究过程。在这个过程中，教师设计的'课题研究'过程，将会使学生经历'问题发现''问趣梳理'和'问题提炼'等类似科研的情境或途径，让学生在课题研究和项目设计中得到自主学习和创造的机会，并在创造中感受到发现问题和解决问题的成功喜悦"。[①] 实践中，笔者主要采用以问题为中心的研究性教学模式，以问题为中心，沿着问题的提出、分析、解决及进一步升华、延展的线路展开，同时紧紧扣住语言学学科和课程的性质，把语言学的研究进路融入问题的提出与解决这一线路之中，形成一明一暗两条推进线索，构建了以问题为中心的语言学课程研究性教学模式。另外，研究性教学毕竟是教学，需要契合学校的环境和特点，遵循教育教学的规律。因此，在构建、运行以问题为中心的语言学课程研究性教学模式时，笔者努力使之植根于校园这方深厚的土壤，在立足校园的基础上，尝试突破和超越校园围墙和实体空间的局限，使之延伸到广阔的语言生活和虚拟的网上社区。

（一）以问题为中心的推进之路

"创新其实是一个发现问题、构思创意和解决问题的过程。提升创新能力必须重视创新过程的三个方面。"[②] 在实施以问题为中心的研究性教学时，也需遵循发现问题、构思创意和解决问题这一基本的创新过程。

---

① 张伟刚. 大学研究性教学与科研方法[J]. 高等理科教育,2009(02)：
65~68,103.

② 许湘岳,邓峰. 创新创业教程[M]. 北京：人民出版社,2011.

1. 问题的发现、提出

"问题是一切发明与创新的起点。善于发现问题是科学精神的重要表现。人类科技的历史表明：科学发现和技术发明都是始于问题的发现，都是出自带着发现的问题进行观察、思考。只有问题才能激发人们的好奇心，从而激发人们科学探索和技术研究的兴趣。"① 但在实施以问题为中心的研究性教学过程中，感觉最难的就是学生提不出问题。为了突破"提不出问题"这一难题，培养学生发现问题的能力，笔者主要从两方面进行努力：一是教师设置问题，二是引导学生发现问题，循序渐进，并在教师设置问题与引导发现问题的过程中激发学生的怀疑批判精神，树立强烈的问题意识。问题的发现与提出是教学和研究的重点内容，本书以第四章和第五章两章的篇幅来阐述。

2. 问题的分析、解决

有了问题，就需要进一步对问题进行分析，构思创意，努力解决。问题的分析解决是研究性教学的重要过程，能很好地训练学生的科学思维习惯，让他们掌握科研的过程方法，获得科研创新的能力。因此，实施研究性教学，要注重问题的分析和解决。因为分析问题与解决问题很多时候是融合在一起的，很难分为清晰的前后相继的两个过程，同时为了操作的便利和易于表述，所以本书把问题的分析和解决融合为一章，即第六章。

下面以教学中的实际问题为例，对问题的发现、提出与分析、解决做一例证和说明。

现代汉语教材和修辞学著作多数使用"顶真"这一名称，定义中还会出现"蝉联"一词，如黄本《现代汉语》的定

---

① 许湘岳，邓峰.创新创业教程[M].北京：人民出版社，2011.

义如下:"用上一句结尾的词语或句子做下一句的起头,使前后句子头尾蝉联,上递下接,这种辞格叫'顶真',也叫'联珠'。"①陈望道《修辞学发凡》对它的定义如下:"顶真是用前一句的结尾来做后一句的起头,使邻接的句子头尾蝉联而有上递下接趣味的一种措辞法。"②通过定义,再结合所举的例子,可知"顶真"辞格的特点(用上一句结尾的词语或句子做下一句的起头,前后句子头尾蝉联,上递下接)是清晰的,学生也是能够理解和把握的。但如果再深究一步,这种辞格为什么命名为"顶真"呢?"顶真"是什么意思?"头尾蝉联"的"蝉联"一词,现代汉语较常用,词的意义也比较明确,但为什么叫"蝉联"呢?"蝉联"的内部结构和语义关系是怎样的?对于这些问题,就需要进一步进行分析和解决。

(1)"顶真"辨释

①"顶真"与"顶针"的关系

关于顶真,《现代汉语词典》(第6版)的解释如下:

顶真¹〈方〉 形 认真:大事小事他都很~。

顶真² 名 修辞方式,用前面结尾的词语或句子做下文的起头,顺序而下,一般由三项或更多项组成。如"门外有条街,街内有个巷,巷内有座庙"。也作顶针。③

可以看出,意义为"认真"的顶真¹与意义为"修辞方式"的顶真²意义上没有联系,顶真¹与顶真²是同音同形的两个词。另外,意义为"修辞方式"的顶真²,《现代汉语词典》(第6版)上也只是解释了这种辞格的特点,至于为什么命名

---

① 黄伯荣,廖序东.现代汉语[M].增订六版.北京:高等教育出版社,2017.

② 陈望道.修辞学发凡[M].上海:上海教育出版社,1997.

③ 中国社会科学院语言研究所词典编辑室.现代汉语词典[M].第6版.北京:商务印书馆,2012.

为"顶真"则未做出解释。再看《现代汉语词典》(第6版)上对"顶针"的解释：

顶针：同"顶真²"。

顶针：(～儿)[名]做针线活儿时戴在手指上的工具，用金属或其他材料制成，上面有许多小窝儿，用来抵住针鼻儿，使针容易穿过活计而手指不至于受伤。[①]

可以看出，《现代汉语词典》(第6版)认为义同顶真²的"顶针"和"做针线活儿时戴在手指上的工具"的"顶针"是一个词，二者意义上是有联系的。但工具义的"顶针"与辞格意义的"顶针"意义上是什么关系呢？为什么可以用"顶针"来指称"顶真"这种辞格？

②"顶针"的造词理据

顶针儿这种工具，产生很早，直到今天还在使用，又叫顶箍、针箍，有的方言也叫顶子，其作用就是缝纫时用来顶住针鼻子以使针易于穿过缝纫的活计。在缝纫一些质地较硬或比较厚的东西时，更需要顶针儿，如在纳鞋底的时候，就很需要顶针儿。

从造词的理据看，顶针儿之得名，可以有两种理解，一是把用来顶住针鼻的东西称为顶针，顶针内部是动宾关系，如同"司机""司令"一类词，内部结构是动宾关系，意义上转指"司""机"的人(即"司机")、"司""令"的人(即"司令")；一是顶箍与针的合称，内部结构上是并列关系，意义上是偏义复词，如同"窗户""动静"等词一样。不管作何理解，缝纫时，顶针儿顶住针鼻子以缝纫，这一特点是不变的。顶针儿顶住针鼻子缝纫，顶针儿与针鼻子头尾蝉联，相互连接，这一

---

① 中国社会科学院语言研究所词典编辑室.现代汉语词典[M].第6版.北京：商务印书馆,2012.

动作或现象与"顶真"这种修辞行为或辞格特点是非常相似的。正因为如此,可以用"顶针"来形象地指称"顶真"这种辞格。

通过国学大师网(网址:http://www.guoxuedashi.com)全文检索,"顶真"这种修辞行为或文字游戏一直有"顶针""顶真"两种写法,略举几例如下。

(a)十八公亦慨然不辞道:"我却是顶针字起:春不荣华冬不枯,云来雾往只如无。"凌空子道:"我亦体前顶针二句:无风摇曳婆娑影,有客欣怜福寿图。"拂云叟亦顶针道:"图似西山坚节老,清如南国没心夫。"(《西游记》第六十四回 荆棘岭悟能努力 木仙庵三藏谈诗)

(b)题花道:"此令也无可宣。就从妹子说一句书,无论经史子集,大家都顶针绪麻依次接下去。假如我说'万国咸宁',第一字从我数起,顺数至第四位饮一杯接令。"(《镜花缘》第七十八回 运巧思对酒纵谐谈 飞旧句当筵行妙令)

(c)不止一身好花绣,更兼吹得弹得,唱得舞得,拆白道字,顶真续麻,无有不能,无有不会;亦是说得诸路乡谈,省得诸行百艺的市语。(《水浒传》第六十回 吴用智赚玉麒麟 张顺夜闹金沙渡)

(d)狄希陈说:"我不合你'打虎'。你哨起我来了!我合你'顶真绩麻',顶不上来的一钟。"(《醒世姻缘传》第五十八回 多心妇属垣着耳 淡嘴汉圈眼游营)

但是检索时也发现,除数量上"顶针"多于"顶真"外,虽然"顶真"辞格可以有"顶针""顶真"两种写法,但表示"认真"意义的"顶真"只有"顶真"一种写法,未发现"顶针"表示"认真"意义的。

综合以上分析，"顶真"这一辞格名称，从造词理据角度看，应写作"顶针"。"顶针"之所以用来指称"顶真"这种辞格，是因为缝纫时顶箍顶住针鼻子这一动作或现象与"顶真"这种修辞行为或辞格特点非常相似。"顶针"之所以写作"顶真"，仅仅是因为"顶真"与"顶针"是同音词。

（2）"蝉联"辨释

①"蝉联"的造词理据

"蝉联"一词，现代汉语比较常用。《现代汉语词典》（第6版）的解释是："动连续（多指连任某个职务或继续保持某种称号）：～世界冠军。"①"蝉联"一词，产生较早，王力、岑麒祥、林涛等的《古汉语常用字字典》（第4版）的解释是："③［蝉联］连续不断的样子。左思《吴都赋》：'～～陵丘。'《梁书·王筠传》：'自开辟已来，未有爵位～～文才相继如王氏之盛者也。'"②"蝉联"为何有"连续"义？分析其内部语义结构关系，主要有以下两种原因。

（a）"蝉联"是并列结构关系。《汉语大字典》（缩印本）的解释是："⑤连续不断。如：蝉联。《方言》卷一：'蝉，续也。'《玉篇·虫部》：'蝉，蝉连系续之言也。'"③《汉语大字典》（缩印本）引用《方言》和《玉篇》上的解释，认为"蝉"有"续"的意思。因此，"蝉联"一词是"蝉"和"联"两个同义语素的并列关系。

（b）"蝉联"是偏正结构关系。"蝉联"，从字面上看，应

---

① 中国社会科学院语言研究所词典编辑室.现代汉语词典[M].第6版.北京：商务印书馆，2012.

② 王力，岑麒祥，林涛，等.古汉语常用字字典[M].第4版.北京：商务印书馆，2005.

③ 《汉语大字典》编辑委员会.汉语大字典[M].缩印本.武汉：湖北辞书出版社，1992.

该与"蝉"这种昆虫有关。王艾录、司富珍《语言理据研究》引用了有关解释：

> 蝉联，有学者解释为：蝉成虫后交尾，雄者交尾后立即死去，雌者产卵后也接着死去，其间不过两三周。"蝉联"的连续相承之义本此。但有学者却解释为：当蝉的幼虫变为成虫时，蝉壳脱落，身体在原来的基础上得以延伸，故称"蝉联"。[①]

百度百科上也有类似的解释：

> 蝉联：指连续相承、连续不断获得。蝉的俗名叫"知了"，雄蝉用腹部的发音器官来发出声音。蝉的幼虫栖息在土里，成虫依靠针状口器刺进树枝里，吸取汁液来维持生命。幼虫变为成虫时，便脱掉蝉壳，躯体在原来基础上得以延伸，故称为"蝉联"。为此，在一些体育比赛项目中，如连续保持了冠军，就叫"蝉联冠军"；保持了亚军，就叫"蝉联亚军"。[②]

这样看来，"蝉联"的"连续"义与蝉的特点有关，即"像蝉的××特点一样前后相连"，"蝉联"的内部结构就应该是偏正关系。

以上两种解释，似乎都有道理，但也都有未解决的问题。对于第一种解释，"蝉"为何有"续"的意思，《方言》和《玉篇》并未作出有理据性的解释，《说文解字》对"蝉"的解释也只是"蝉，以旁鸣者。从虫单声"。对于第二种解释，因为缺乏比较可靠的语源依据，有"后来人在无法明了语词的真

---

① 王艾录,司富珍.语言理据研究[M].北京:中国社会科学出版社,2002.

② 蝉联[EB/OL].百度百科,2018[2018-11-08]. https://baike.baidu.com/item/%E8%9D%89%E8%81%94/3552750？fr=aladdin.

实理据的情况下而猜测或杜撰出来的"① 望文生训之嫌。

（3）与"蝉联"同源的词语

与"蝉联"② 音同（音近）义通的相关词语还有一些，例如：

①"婵联""婵连"

"蝉联"，《汉语大词典》（缩印本）注曰："亦作'婵连'。"李建廷的《魏晋南北朝碑刻连绵词同词异形现象研究》一文考察了魏晋南北朝碑刻中的联绵词，其中"婵联"使用四次，"婵连"使用两次（"蝉联"使用十八次，"蝉连"使用一次），如，《元详墓志》："婵联万祀，缅邈百王。"《张起墓志》："至如继轨婵连者，嗟不可而言矣。"③

② 繟联

《汉语大字典》（缩印本）"繟"字头下的解释如下：

《说文》："繟，带缓也。从糸，单声。"

（a）chǎn《广韵》徒干切，平寒定，又昌善切。元部。

① 宽松的丝带。……② 舒缓；坦然。……

（b）chán《集韵》时连切，平仙禅。

[繟联] 连续不绝貌。《集韵·仙韵》："繟，繟联，不绝貌。"④

通过《汉语大字典》（缩印本）的解释可以看出，"繟联"之"繟"与"繟"的本义"带缓"之间没有直接联系。

---

① 王艾录，司富珍．语言理据研究[M]．北京：中国社会科学出版社，2002.

② "蝉联"还作"蝉连"，"联""连"音同义通，是异形词。

③ 李建廷．魏晋南北朝碑刻连绵词同词异形现象研究[J]．兰州学刊，2013（05）：180-183.

④《汉语大字典》编辑委员会．汉语大字典[M]．缩印本．武汉：湖北辞书出版社，1992.

③"蝉娟""婵媛""蝉嫣""婵娟"

《汉语大词典》中这几个词的相关释义如下：

【蝉娟】1. 蝉，通"婵"。犹婵媛。情思牵萦。唐高适《塞下曲》："荡子从军事征战，蛾眉蝉娟守空闺。"

【蝉媛】情思牵萦。蝉，通"婵"。唐陈子昂《祭外姑宇文夫人文》："女也蝉媛，终天永诀。"

【蝉嫣】1. 连续不断。《汉书·扬雄传上》："有周氏之蝉嫣兮，或鼻祖于汾隅。"颜师古注引应劭曰："蝉嫣，连也，言与周氏亲连也。"①

通过上述释义可以看出，"蝉娟""婵媛""婵娟"三个词也表示"连续"一类的意义。另外，《汉语大词典》还有释为"娴雅貌""飞腾貌"的"蝉娟""蝉蜎"，还有释为体态（姿态）美好意义的"蝉娟""婵娟"等词。

综合以上分析，可知与"蝉联"音同（音近）义通的这些词，实质上是同源词，从结构上分析，它们应是叠韵联绵词，"蝉联"一词中的"蝉"与昆虫义的"蝉"没有关系。

通过以上分析，"顶真"这种辞格为何叫"顶真"以及"蝉联"的得名因由就基本清楚了。

（二）语言学研究的推进之路

在问题的发现提出、分析解决这一主线下，本书把语言学研究的基本进路贯穿于其中。语言学研究最基本的方法是分析归纳和演绎推理。分析归纳是在大量语言事实的基础上比较、分析，得出结论，因此，语言事实是前提。选择语言事实有两个基本视角：一是历时性的语料，一是共时的语料。因此，在第五章中，本书提出从深度阅读语料和关注现实语言生活中发现值得研究的问题的方法。对于科学研究

---

① 罗竹风.汉语大词典[M].上海：上海辞书出版社，2011.

来说,理论既是研究的指导,更是生发新问题、激发新观点的导火线,研读理论文献也是一种重要的发现问题的方法。在尊重从语言事实中得出结论的同时,本书也注重理论的启发作用,培养学生运用演绎推理的方法提出问题。因此,第五章还提出了从研读理论文献中发现问题的方法。

对于解决问题来说,主要有两种方法:一是查阅文献资料,一是开展社会调查。查阅文献资料,既可以找寻到解决问题的理论依据,也可以找寻到佐证的事实依据。现实的语言生活中,既有普通话,也有大量的方言,有的以书面语形式存在,有的存在于老百姓的日常口语中。因此,要回答解决语言中的一些问题,就需要采用社会调查的方法,去寻找证据。当然,语言的发展是一个长期渐变的过程,语言研究还需要把现实的语言现象和古代的语言现象结合起来研究,普、方、古三个视角综合,以参透语言发展演变的规律与机制,对有关问题做出全面、科学的解释。

(三)植根于校园的生长之路

虽然研究性教学遵循科研的基本规律,但是,研究性教学毕竟不是纯粹的科研,它的另一个重要属性是教学。因此,在实施研究性教学的时候,要始终紧扣教学实际,立足教学,不能让研究性教学游离于教学之外。基于这样的考虑,在问题的发现提出、分析解决这一主线下,要始终遵循教学活动的基本过程和规律。第四章既是为了引导学生发现问题,循序渐进地开展研究性教学,也是为了充分发挥教师在教学中的主导作用,提升研究性教学的质量和品位。第五章为了充分发挥教材这一重要教学要素在研究性教学中的积极作用,提出了教材阅读比较法。第六章为了充分发挥课堂教学的作用,特别重视课堂讨论,提出了课堂讨论这一有效激发创意的解决问题的方法。另外,第二章从宏观层面提出了高校研究性存在的一些问题,并针对存在的问题提出相应的对策。第七章提出了研究性教学成果进一步拓展和延伸的途径和要求。这些都是希望在高校这一语境下,使研究性教学成为一个有始有终、较为完整的教学体系。

第四章

教师设置问题

问题是研究性教学的逻辑起点,但是找到值得且可以研究的问题,对于学生来讲又是一个难题。教师的专业知识水平和学术研究能力要远远高于大学生,而且富有教学方面的实践经验。因此,在研究性教学中,尤其是在研究性教学的初期或低年级阶段,教师设置问题就是一种最常用也非常有效的方法。

‖ 第一节　教师设置问题的意义

教师设置问题,就是在研究性教学时,教师根据教学目标和教学内容,结合学生专业和语言生活实际,给学生设定待研究的课题,并对研究提出相关要求。教师设置问题的意义主要表现在以下几方面。

一、有利于发挥教师的主导作用

研究性教学虽然积极倡导学生自主探究,充分发挥学生的主体作用,教师只是充当组织者、参与者与指导者等角色,但由于大学的研究性教学是有很强的专业性和一定难度的准科学研究(甚至是科学研究),不同于中小学阶段的探究性学习,所以,尽管教学认识论强调教师和学生的交互主体性,但就研究性教学而言,还是要充分发挥教师的主导作用的。

教育部本科教学合格评估要求主讲教师中90％以上应具有讲师及以上专业技术职务或具有硕士、博士学位。因此,整体上来看,高校教师的专业水平较高,学术素养较好,科研能力较强。教师设置问题时,可以根据自己的专业知识、研究领域和研究专长,结合学生和教学实际,精心谋划、系统设计可研究性强的题目,并指导学生进行探索和研究,以充分发挥教师在研究性教学中的主导作用,使研究性教学一开始就有一个明确的目标和一个较高的起点,提前规避学生因寻找不到适合的研究课题而产生的畏难和消极情绪,也可以避免学生花费不必要的思索、寻找的时间。国家提出建设"一带一路"倡议,共建"丝绸之路经济带"和"21世纪海上丝绸之路"。"一带一路"沿线65个国家和地区,语言多样。在学完《语言学纲要》的"亲属语言和语言的谱系分类"一节后,教师就可以布置"一带一路"沿线国家和地区语言谱系分类问题这样的题目,让学生查阅相关资料,将"一带一路"沿线国家和地区的语言进行谱系分类。这样的题目与当前国家"一带一路"倡议的发展战略密切联系,时代性强、内容鲜活,既有助于学生消化、理解所学知识,也有助于引导学生关注"一带一路"国家和地区语言的现状,激发投身"一带一路"建设的热情。

二、有利于学生及早参与科研项目

"教师要做好'引导者',还应该注意科研和教学的有机融合。在高校中,'教''研'相长是教师的基本素质。以科研促教学,将前沿的科研课题信息、进展程度、成果与教学有机融合,有助于树立教师和学生的批判意识和提高质疑、批

判的能力,是实施问题中心教学的极好方法。"① 为提高大学
生的创新能力,教育部《关于进一步加强高等学校本科教学
工作的若干意见》(教高〔2005〕1 号)提出:"要让大学生通过
参与教师科学研究项目或自主确定选题开展研究等多种形
式,进行初步的探索性研究工作。"《教育部关于全面提高高
等教育质量的若干意见》(教高〔2012〕4 号)提出:"促进科研
与教学互动,及时把科研成果转化为教学内容,重点实验室、
研究基地等向学生开放。支持本科生参与科研活动,早进课
题、早进实验室、早进团队。"国家的这些文件都积极倡导大
学生早进教师的科研项目,促进教学和科研相结合。教师设
置问题,可以根据自己的研究领域和承担的研究课题,把研
究的项目分为不同层次和类型的子课题或子项目,根据学生
个性特长,布置学生去思考探索,共同展开研究。这样既培
养锻炼了学生的科研创新能力,又使教师把教学和科研结合
到一起,及时把科研转化为教学,用教学促进科研,避免了教
学和科研相脱节和两张皮的现象,形成科研与教学的良性互
动。语言学课程的研究性教学实践中,有教师积极引导学生
参与科研课题,取得了很好的教学效果,如吴汉江老师的实
践:"我们曾邀请部分学生参与教师的省社科课题'江苏老地
名研究',让他们收集江苏境内街道巷路及园林古迹等老地
名,分析命名的一般规律,并充分挖掘地名语词中丰富的文
化内涵,使他们的科研创新能力得到明显提高。"② 本书的课
题组成员主持教育部人文社科项目、省教育厅人文社科项目
以及校级项目多项。在实践中,笔者也积极引导学生参加教

---

① 刘伟.以"问题"为着眼点积极推行研究性教学[J].中国高等教育,
　2010(01):48–49.

② 吴汉江.对外汉语专业现代汉语课程研究性教学的思考[J].林区教学,
　2012(01):32–34.

师的课题,合作进行研究,取得了一定的教学效果。

三、有利于教师的专业能力发展

教师的专业能力发展也是高校自身建设和发展的一项重要使命,是提高人才培养质量的重要保障。但就目前来看,很多高校尤其是一些新建地方本科院校,年轻教师占大多数。这些年轻教师相对来说,专业能力、教学水平要低一些,教师能力发展是这些地方本科院校的重要工作内容之一。开展研究性教学,教师设置问题,这对教师也提出了较高的要求,要求教师深入思考,努力创新,不但能设置有研究价值的问题,甚至自己还要对问题进行实际研究,获得结论。这样才能有效地指导学生开展研究性教学,取得预期成果,毕竟己之昭昭,才能使人昭昭。因此,开展研究性教学,可实现真正意义上的教学相长,既培养、训练学生,教师也可在教学过程中训练发现问题、分析解决问题的科研创新能力,使专业能力得到较快提升,从而提升了学校师资队伍的整体水平。据李定春的《科研与教学的相互促进——汉语言文学专业研究性教学的探索与实践》一文,湘南学院中文系在汉语言文学专业进行了研究性教学的探索与实践,通过引导学生积极参与教师科研项目,运用所学理论分析、处理、把握复杂的语言和文学现象等途径和方法,取得了令人满意的成绩,专业教师在科研项目、专著出版、论文发表与获奖等方面取得的成绩逐渐增多,教学业绩提升明显,精品课程、重点专业、优秀团队等教学质量工程建设取得较好成效。[①]实践中,本书课题组成员也经常在一起切磋探讨,根据各门课程的教学实际,提出研究的课题,并及时总结平时的教学研究成果,

---

① 李定春.科研与教学的相互促进——汉语言文学专业研究性教学的探索与实践[J].湘南学院学报,2013(01):101-104,109.

撰写成理论文章或申报课题,近年来,发表的文章数量不断增加,质量也在不断提高,成功申报了多项高级别的课题,多人评上了高级专业技术职称,教师的教育教学能力和水平得到了大幅提升。

‖ 第二节　教师设置问题的方法

教师设置问题的方法很多,根据研究问题范围的大小,可以采用问题法、专题法和范围法等设置问题的方法,由小到大,点线面结合,逐步推进。

一、问题法

问题法是教师根据自己的认识和研究,给学生设置具体而明确的问题,让学生运用所学的知识去研究解决。

存现句是汉语中的一种特殊句式,《现代汉语》(增订五版)教材上对其下了很明确的定义:"语义上表示何处存在、出现、消失了何人或何物;结构上一般有三段,即处所段 + 存现动词 + 人或物段;语用上用来描写景物或处所的一种特定句式。"教材分存在句和隐现句两种情况列举了 11 个例子进行说明。[①] 但是,教材对存现句的句法结构和句法成分等没有进行明确解析。因此,在教学实践中,进行句法分析时就会遇到一些问题,值得思考探究,具体表现为如下几方面。

(一)句首处所段成分的语法性质问题

如"山上有个庙"这一例,在进行句法分析时,有学生认为"山上"是方位名词(短语),句法成分是主语,整个句子是主谓句。但是,也有不少学生认为"山上"应该作处所状语,

---

① 黄伯荣,廖序东.现代汉语[M].增订五版.北京:高等教育出版社,2011.

整个句子是非主谓句。

（二）句首时间、处所词的关系问题

如"昨天村里死了两头牛"一句，存现动词前面同时出现了时间词"昨天"和处所词"村里"，按照教材上的分析，"村里"是主语，"昨天"是状语。但是，时空具有一致性，为什么处所词就是主语，而时间词是状语呢？不少学生存在疑惑。

（三）句法和语义分析的不一致问题

教材还指出，可在表示处所的方位短语前加介词"从""在"等，构成介词短语，作状语，如"〔从树林子里〕跳〈出〉一只吊睛白额老虎〈来〉"。从语义的角度看，"树林子里"加不加介词"从"都是"处所"，但从语法的角度看就不一样了。不加介词时，"树林子里"是主语，加了介词"从"后，"树林子里"是介词"从"的宾语，"从树林子里"作状语。为什么语义是一样的，语法性质却不一样呢？很多学生表示难以理解。

（四）英汉存现句的异同问题

如"山上有个庙"一句翻译成英语是"There is a temple in the mountain.""房前有三棵树"翻译成英语是"There are three trees in front of the house."比较可以看出有两方面的不同，一是汉语中处所词前面没加介词，而英语却加了"in""in front of"；二是处所段词和人或物段词顺序改变了，"山上有个庙"一句中，"山上"在"庙"的前面，而英语中则是"temple"在"mountain"前。如果再寻找，学生还会发现大量的句子都类似于这种情况。这是为什么呢？

根据上述问题，教师可以设置较具体的研究问题，如"存现句句首处所词的词类探析""存现句句首处所词的语法性质探析""介词短语句法与语义的关系问题"，让学生去收集

语料,思考、研究,对相关问题做出解释。

问题法由于设置的问题相对具体而明确,着眼于一个点,所以难度较低,学生易于研究,一般也容易取得具体的研究成果,实践中比较受学生欢迎。但是,随着教学和研究进程的加深,教师设置问题时就要逐步过渡到专题法和范围法。

二、专题法

专题法是围绕某一主题而设置问题。问题相对要宽泛一些,也抽象一些。围绕问题学生需要查阅一定的资料,才能对问题做出较为合理的解释。

如上述关于存现句的一些问题,教师可以以之为触发,设置专题性的研究课题,如在"存现句句首处所词的词类探析"问题基础上,进一步扩大范围,设置"汉语方位词(时间词)的词类与语法功能"问题;在"存现句句首处所词的语法性质"基础上,设置"英汉表达处所义语法形式的异同"等问题。在处所词前加不加介词,语义关系一样,但语法关系不一样。语言中语义关系与语法关系比较复杂。因此,可以设置"语义关系与语法关系的一致性问题"等,让学生去思考、研究,这样学生学习的范围也就可以深入语义领域,从而激发学生进一步探索语义问题的兴趣。

相对于问题法,专题法范围宽了,学生驾驭起来难度要大一些,但同时更富于挑战性,因此,能较好地培养训练学生全面思考问题的能力,也能较好地激发学生学习研究的兴趣。

三、范围法

范围法是指教师不设置具体的问题,只是给定研究的范围,或是提供一定的材料,让学生在设定的范围内自己提出问题,确定研究的题目,进行研究性学习。

上述存现句分析中谈到英汉处所段词和人或物段词顺序不一样的问题,这类英汉不一样的情况还有很多,如时间、地点的表达,汉语时间的表达是年月日,地点的表达是省、市(县)、镇(乡)、村,范围由大而小,而英语的表达却相反,由小而大。这涉及认知语言学的相关问题。围绕这些现象,教师可以多给出一些语料,并让学生去阅读认知语言学的一些资料,确定题目进行研究。

相对而言,问题法更宽泛一些,更灵活一些,有利于更好地发挥学生的特长和兴趣,缺点是学生不容易提出有价值的问题,实践中,有时操作评价起来也不太方便。

‖ 第三节　教师设置问题的原则

教师设置问题的优点是待研究的问题较明确,省去学生发现和论证问题可研究性的时间和精力,从而可以较好地激发学生研究性学习的兴趣。为了能充分发挥教师设置问题的优点,在设置问题时要遵循一些基本的原则。

一、可行性原则

可行性原则是教师对设置的问题要预先进行充分思考,甚至切实进行研究,弄清研究中存在的困难和障碍,论证学生在现有水平下展开研究的可行性。问题如果设置过大、过深或超出学生现有水平和研究条件,学生进行研究性学习困难较大,就会大大影响研究性教学的实施和成效。

如上述基于存现句设置的一些词类和语法性质问题,可行性就较好,因为学生在此之前就系统学习了语法中的词类和句法成分等问题,特别是对于方位词、处所词的语法性质和英汉的异同,很多教师还作为重点教学内容进行了讲解。相对而言,存现句中英汉处所段词和人或物段词顺序不一样的问题涉及不同语言主体对现实世界的认知,学生需要具备一些认知语言学的知识才能对之作出合理解释。因此,研究这些问题存在一定难度。教师如果不进行很好的指导,可行性就要差一些。因此,研究性教学中,教师设置问题要反复论证其可行性,确保学生能完成研究,并能取得一定的研究成果。

二、兴趣性原则

教师设置的问题往往是自己研究过或正在研究的问题,这样便于发挥教师的研究特长,让学生较好地融入自己的科研。但是,教师的科研与学生的研究性学习毕竟性质不同,教师感兴趣的学生不一定感兴趣,教师设置问题时要充分考虑到问题的兴趣性,遵循兴趣性原则。语言学课程由于逻辑性、系统性强,学生学起来容易感觉枯燥。教学中如何有效激发学生的学习兴趣,一直是广大教师关注和研究的热点问题。因此,兴趣性原则这一点对于语言学课程的研究性教学来说,尤为重要。需要指出的是,在实践中,为了激发学生学习研究的兴趣,很多教师尽可能寻找一些有趣味的话题或语料,让学生去研究,如丰富多彩而又妙趣横生的网络语言问题、广告语言问题。这固然能激发学生学习的兴趣,但笔者认为,学术研究的兴趣有浅层次和深层次之分,靠趣味来催生和维持是浅层次的,效果也是有限的,只有走进问题,真正读懂问题,才能产生真正的兴趣。这样的兴趣是深层次的,也只有这样的兴趣才能长久。中国"玉"文化很发达,《说文解字》对"玉"的解释如下:"石之美。有五德:润泽以温,仁之方也;䚡理自外,可以知中,义之方也;其声舒扬,专以远闻,智之方也;不桡而折,勇之方也;锐廉而不技,絜之方也。象三玉之连。丨,其贯也。凡玉之属皆从玉。"汉字从"玉"

的字很多,《说文解字》共收"文一百二十六,重十七"。① 让学生结合《说文解字》"玉"部字的解释,研究玉文化,这样的问题既具体,有可操作性,又能激发学生深研汉字及其文化内涵的浓厚兴趣。 在笔者的教学实践中,有多位同学围绕这样的题目来撰写毕业论文,效果很好。 因此,在实践中,要注重精心设计问题,研究一个问题,就努力把一个问题真正搞懂,在追求质的前提下追求量,不贪多求快,不哗众取宠,不为兴趣而兴趣,要引导学生逐步由浅层次的兴趣走向深层次的学术兴趣。

三、多样性原则

一个学科或一门课程,其问题涉及的范围是相当广泛的。教师设置问题,容易出现的倾向就是局限于教材的内容,或局限于自己的研究领域,导致设计问题的范围过窄。因此,研究性教学中设置问题时,教师要认真准备,努力使设置的问题超越教材和自己的研究范围局限,或是发挥同学科教师集体的力量,使设置的问题多样化,尽可能涵盖学科的一些重点内容和最新发展动态。多样性原则既便于学生根据自己的兴趣进行选择研究,也可以拓宽研究领域,达到在研究性学习中掌握专业知识、提高专业水平的目的。 如笔者使用的黄伯荣、廖序东的《现代汉语》教材和叶蜚声、徐通锵主编的《语言学纲要》② 教材中,语法内容讲解比较详细,但语义和语用内容相对不足。因此,在设置问题时,就不能局限于所选教材,而是要参考其他教材(如邵敬敏主编的《现代汉语

---

① 许慎著,汤可敬撰.《说文解字》今释[M].长沙:岳麓书社,1997.

② 叶蜚声,徐通锵.语言学纲要[M].第三版.北京:北京大学出版社,1997.

通论》①教材,句法语义内容有两节,且单列"语用"一章),适当纳入语义和语用方面的问题让学生去学习研究。再如,认知语言学方兴未艾,但教材中几乎没有涉及相关内容。因此,也需要结合教学内容,系统设计,纳入一些认知语言学的问题,以开阔学生的视野,引导他们追踪学术前沿。

四、系统性原则

汉语言文学专业的语言学课程有多门,开设于不同的学期,授课教师往往也不同。因此,教师设置问题时,不同授课教师如果不事先讨论,系统规划,就可能导致设置问题重复或范围过窄的现象。教师在设置问题时,同一学科的授课教师要依据专业培养目标和课程在培养人才目标中的地位,设置一个专业多门课程的待研究问题,使之形成一个"研究体系",并尽可能落实为具体的研究性教学大纲,以保证研究性教学取得更好的教学效果。在研究性教学实践中,可以课程为单位,每章拟定2~4个待研究的课题,然后再把相关的问题进行整合,最后依据人才培养方案,研究确定每门课程承担的研究课题和开展的时间,形成课题库,供开展研究性教学时选择,或围绕这些课题再进一步细化,确定研究的具体问题。如人才培养方案中,现代汉语课程开设于第一、第二学期,"词汇"是第一学期的重要教学内容,其中涉及了义项理论。教材中讲到,词义演变时,其转义主要是通过引申和比喻两种方法产生的,在基本义的基础上经过推演发展而产生的意义是引申义,借用一个词的基本义来比喻另一种事物所产生的新的意义是比喻义。在此基础上,教材进一步区别了多义词和同音词,多义词是一词多义,几个意义之间有联

---

① 邵敬敏.现代汉语通论[M].第二版.上海:上海教育出版社,2007.

系,同音词是语音相同而意义之间并无联系的一组词。^①古
代汉语课程开设于第三、第四学期,教材第一册^②中"词的本
义和引申义"部分也讲到了词由本义到引申义的词义演变理
论,且特别指出了容易混于引申义的假借义问题。比较可以
看出,现代汉语、古代汉语这两部分教学内容讲述的是同一
个问题。相对而言,由于古代汉语教材上例证丰富,且有大
量古汉语常用词的具体解释作为旁证,所以关于词义演变的
这一基本理论在古代汉语教学中学生理解掌握起来反倒更
容易一些。鉴于此,应系统考虑,把不同课程的相关问题进
行归并和整合,确定在古代汉语教学中,结合常用词讲解来
开展关于词义演变的研究性教学。

---

① 黄伯荣,廖序东.现代汉语[M].增订五版.北京:高等教育出版社,
2011.

② 王力.古代汉语(第一册)[M].校订重排本.北京:中华书局,1999.

第五章

引导学生发现问题

上一章介绍了教师设置问题开展研究性教学的方法,但要培养训练学生发现问题的敏锐眼光和实际能力,教师还需要采用恰当的方式,积极引导学生在广阔的语言世界中自主巡猎,发现值得研究的问题,在发现问题的过程中提高研究的能力。在实践中,笔者摸索总结出以下几种引导学生发现问题的方法。

‖ 第一节　教材阅读比较法 [①]

教材,也称教科书,是教学的主要依据,是提高教学质量的重要保证。[②] 教材对于学生来讲,具有无上的权威,学生不敢轻易怀疑。为了帮助学生破除教材权威的迷信,培养学生的大胆质疑精神,笔者提出一种教材阅读比较法,让学生认真阅读比较不同的教材,找出同异,发现问题,进而在此基础上展开研究,培养学生科学的思维方法,让他们获得学习、实践和创新的能力。

[①] 本节内容曾以《教材比较阅读法——谈一种研究性教学方法》为题发表于《巢湖学院学报》2012 年第 4 期,收入本书时,有所改动。

[②] 谢安邦 . 高等教育学[M]. 修订版 . 北京:高等教育出版社,1999.

一、教材阅读比较法提出的原因

目前中小学的教材基本上是统编的,全国(或全省)是一套教材,各种考试也都基本上以教材为标准。因此,在长期的学习中,学生就自然形成了教材唯一的思想。所谓教材唯一的思想,一是指以为全国(或全省)的教材都一样,知识系统都应该是教材上的样子;二是指教材最权威,教材上的说法是唯一的,结论都是正确的。学生考入大学后,自然也就以这种教材唯一的思想来看待大学的教材。但大学的情况却不是这样。一是教材有统编和自编两种,即使是根据同一教学大纲编写的,同一门课程教材也不止一部。就拿汉语言文学专业重要的基础课现代汉语教材来说,新中国成立以来所编的教材不下 30 部,目前使用面较广的教材也有多部。二是各个教材上的知识体系不完全一样,对有些问题的观点也不尽一致,甚至相互矛盾。大学生在中小学时代形成的教材唯一的思想,很大程度地制约了他们怀疑批判精神的树立和实践创新能力的培养。

为行文简洁起见,本节以高校现代汉语教材为例,选取两部有代表性的教材作为比较的例证:黄伯荣、廖序东主编的《现代汉语》(增订四版)[①]和邵敬敏主编的《现代汉语通论》(第二版)[②](本节以下分别简称黄本和邵本,引用不一一出注)。黄本 1991 年出第一版,以后不断增订,2007 年出增订四版,教材体例清晰,简明实用,便于教学,在现代汉语教学中影响比较大。邵本 2001 年出第一版,2007 年出第二版,教材采用新思路新框架编写,努力在教学思想、学术思想、编

---

① 黄伯荣,廖序东.现代汉语[M].增订四版.北京:高等教育出版社,2007.

② 邵敬敏.现代汉语通论[M].第二版.上海:上海教育出版社,2007.

写思想诸方面进行创新[①]，近年来学界评价较高，影响也比较大。

二、教材阅读比较法的意义

（一）解放思想，树立怀疑批判精神

大学教材与中小学教材相比，研究性、学术性增强了，呈现出不同于中小学教材的三个明显特点：一是不同教材知识体系不完全相同，二是有时对同一问题的理解和处理不尽一致，三是教材的错误率有所增加。

不同教材的编写指导思想、编写时间会有不同，因此，不同教材的知识体系也就不完全相同。如黄本六章的知识体系是"绪论""语音""文字""词汇""语法""修辞"，与之相比，邵本大部分相同，但最后一章"修辞"改为了"语用"。修辞与语用不是一个概念，内涵和外延都不一致。因此，总的知识体系是同中有异。就某一章的某一具体内容来说，知识体系不一致的情况更是常见。如黄本"语法"一章第六节"单句"论述的主要内容是句型、句式和句类几个方面，而邵本却把相关内容独立出来，分为三节，即"句型系统""句式系统""句类系统"，相对来说，系统性更强一些。

由于问题本身的复杂性及争议性，不同专家有时见解会有不同，因此，高校教材特别是文科教材，对同一问题的理解和处理不同是常见的现象。如对构词法的论述，邵本把现代汉语词语的构词法分为三类，即单纯词、合成词、复合词，而黄本却采用了二分法，即单纯词、合成词，在合成词下面再分复合式、附加式、重叠式三类。以词语构成语素的数量为

[①] 邵敬敏.现代汉语课程教材的改革与创新意识[J].中国大学教育，2002（12）:28-30.

标准,单纯词是由一个语素构成的词,合成词是由两个或两个以上语素构成的词,而复合词只是合成词中的一个重要部分。比较而言,黄本的二分法要严谨科学,邵本的三分法则标准不一致,合成词和复合词不应在一个层次。

　　高校教材的编写和审定更多的是专家行为,其严格程度远不及中小学教材。因此,高校教材中的疏误也就相对要多一些。这些疏误有的属于编辑校对方面的,有的属于知识方面的。如黄本第28页的三种记音符号对照表中,声母 ch 和 c 的注音都是 [tʂ ʻ],这显然错了,后者正确的应为 [ts ʻ]。再如第21页对"音节"的定义,黄本的表述是:"音节由音素构成,是交谈时自然感到的语音单位。"这一定义的疏误有二:一是说音节由音素构成,二是没有说到是"最小"。汉语的音节不仅包括声母和韵母,还包括声调。音素是从音质的角度说的,声母和韵母是由音素构成的,但声调主要是就音高说的,而音高是属于非音质的,声调不是音素,因此,定义不准确。另外,交谈时自然感到的语音单位可以是音节,也可以是词语、短语或句子等,音节应该是其中最小的语音单位。①邵本第58页谈儿化的读音规律,第五点是"i、u 韵母后增加元音 [ə] 并卷舌",例证是"i[i → iər] 小鸡儿　玩意儿;u[y → yər] 毛驴儿　小曲儿"。比较可以看出,字母 u 错了,正确的应该是 ü。邵本谈"啊"的变读,谈了四种情况,但没有说到末尾音素是 −i[ɿ]、er[ɚ] 和 −i[ʅ] 的情况,在第61页练习中却有"这些孩子看上去很结实(　)。""你在哪儿(　)?""没有笔怎么写字(　)?"这样的句子,要求学生在括号里填上适当的汉字,念准"啊"的读音。"实""儿""字"三个

---

① 黄本第73页"音节"的定义是:"音节是交谈时自然感到的最小语音单位。"可见第21页的定义不严谨。

字末尾的音素分别是 -i[ɿ]、er[ɚ] 和 -i[ʅ],而黄本列举了这些音素加"啊"的音变情况,可见邵本是疏漏了。

从以上事实可以看出,不同教材异同的比较,有助于学生解放思想,破除教材唯一和权威意识,从而树立起怀疑和批判的精神。

(二)发现问题,养成科学研究习惯

根据多年实践,笔者认为开展研究性教学最难的是学生不能发现问题[①]。没有问题,分析问题、解决问题就无从谈起,研究性教学也就难以实施。教材的阅读比较,可以比出同异,进而发现问题。不同教材比较,所发现的问题主要有三类:一是同一问题的处理方式不一致,二是对同一问题的论述详略不一致,三是对同一问题的理解和结论不一致。

不同教材对同一问题的论述方式不一致是常见现象,但是深入比较分析,就会发现可能存在严密性和科学性的差别。如邵本第 24 页从发音部位方面论述辅音的发音特征时,论述的顺序是双唇音、唇齿音、舌尖中音、舌根音、舌面音、舌尖后音、舌尖前音,而黄本的论述顺序则是双唇音、唇齿音、舌尖前音、舌尖中音、舌尖后音、舌面前音(即舌面音)、舌面后音(即舌根音)。比较而言,黄本按由前到后排列,顺序更为合理。[②]

---

① 针对学生发现问题的困难,笔者曾提出基于问题意识的研究性教学方法,参见:丁俊苗.基于问题意识的《现代汉语》研究性教学[J].三门峡职业技术学院学报,2009(2):64-67.

② 邵本第 25 页普通话发音特征表中,辅音按发音部位排列的顺序同黄本,第 47 页的一处表述也相同。但是在第 47 页下面的声韵配合表中,声母(辅音)的排列顺序则是双唇音、唇齿音、舌尖中音、舌面音、舌根音、舌尖后音、舌尖前音,顺序又变动了,可见邵本的排列顺序存在随意性的问题。

不同的教材，因为各种原因，有时对同一问题论述的详略也不一致。如对构词法中派生词的论述，黄本分为前加式（词缀＋词根）、后加式（词根＋词缀）两类，然后简要论述了同形式的词根与词缀之间的区别。与之相比，邵本有两处不同：一是结构类型增加了一类"词根＋中缀＋词根"的中缀式，二是提出了类前缀和类后缀的类词缀问题，并列举了大量例证进行论述。类词缀是汉语新的发展动态，近年来呈明显增加的趋势，是词汇学研究的热点问题。比较而言，邵本论述更为全面，也引入了新的学术前沿问题。

对同一问题的理解和结论不一致，高校教材中也是比较常见的，但是如果进一步思索、探求，也就会提出正确与否的问题。如汉语的韵母很有规律，四呼是一个重要的内容。黄本第51页说："所谓四呼就是按韵母开头的元音口形分的类。把韵母开头的发音按唇形和舌位的不同分为开、齐、合、撮四个呼。"教材上普通话韵母总表中具体列举了四呼的韵母，其中 ong[ug]、iong[yg] 两个韵母分别归入了合口呼和撮口呼。而邵本第30页说："按开头元音的发音唇形划分，韵母可分为四类（即开、齐、合、撮四呼）。"在普通话韵母总表中，邵本也是具体列举了四呼的韵母，但 ong[ug]、iong[yg] 分别归入了合口呼和齐齿呼。比较看出，对于四呼的分类标准，两教材的表述不尽一致，更重要的是，对于同一韵母，归类却不一致。黄本归类根据的是实际发音，而邵本却是根据首字母。

从以上事实可以看出，对不同教材异同的比较，可以发现存在的问题，从而引导学生大胆质疑，提出自己的见解，激发他们探究的兴趣，并在思考问题、分析问题、解决问题的过程中，训练思维的严密性、条理性，从而养成科学研究的习惯。

（三）补充新知，追踪学术最新进展

研究在进行，科学在发展，教材因为受编写时间的限制，难免存在知识内容滞后性的缺点。在高校的教学改革中，一项重要内容就是讨论如何更新教材，融入最新的学术研究成果，弥补教材内容滞后性的问题。因此，不同教材的阅读比较，有助于学生学习补充最新的学科前沿知识，从而进一步完善知识结构。如在语法分析中，20 世纪 80 年代学界提出三个平面（句法、语义、语用）的语法理论，经过多年的研究，三个层面的语法理论渐为学界所接受。对三个平面的语法理论，黄本与以前版本相比，做了较大的修订，第 103 页以附录的形式专门予以介绍，其中重点阐述了语义问题的三个方面，即语义成分、语义特征、语义指向。而对三个层面的语义问题，邵本第 220 页则单列了一节"句法结构中的语义分析"进行论述。两者比较，邵本对语义问题更为重视，论述也更为系统深入。再如，黄本的最后一章是"修辞"，而邵本的最后一章是"语用"。语用学是与语法学、语义学并列的语言学分支学科，主要研究言语交际中语言运用的特点和规律问题，涵盖了修辞的内容。因此，相比较而言，邵本引入的语用内容比较新颖，反映了学科的新进展。

从以上事实可以看出，不同教材的阅读比较，特别是与最新出版的教材的阅读比较，不仅可以克服教材滞后性的不足，更有助于学生追踪学术最新进展，及时更新完善知识结构。

三、教材阅读比较的方法

教材阅读比较的实施需要精心组织，采用恰当的方法。从阅读比较的篇幅来说，可以分为章节式和通读式两种；从研究的问题来说，可以分为问题式和专题式两种。

（一）章节式和通读式

章节式是指学完一节或一章后，让学生认真阅读不同教材内容相同的章节,细致比较,找出异同,提出问题。如"语音"一章,黄本的第八节是"朗读和语调",其中语调部分是重点,从停顿、重音和句调三个方面分析了语调的具体内容及其功能和意义。邵本该章第八节"节律"部分与黄本总的内容基本相同,从重音、断连(相当于停顿)、句调升降三个方面进行了论述。但就重音问题来看,黄本第104页的论述较为简略,对语法重音的表述是"这个问题比较复杂,这里仅举数例",从四个方面列举了八个例子加以说明;对于逻辑重音,也只是列举了一组例子(五个例子)说明。比较而言,邵本第62~65页对此问题的论述要详尽、深入得多,对于语法重音,认为"语法重音呈现在词、短语与句子三级单位中,尤以前两者为主"。邵本重点从词重音和短语重音两个方面进行了论述,其中词重音分别论述了双音节、三音节、四音节词语的重音格式;短语重音部分"按结构类型与语义关系的不同,短语的重音模式大体可以分为七类",然后分别进行论述。逻辑重音部分,结合语境,论述也比黄本要详细一些,例证也多了九个。基于这样的事实,教师可以设计一些词语或短语的例证,要求阅读比较指定的章节,让学生分析其重音模式,给出合理的答案。另外,重音问题是汉语研究的一个弱点和难点问题,但重音问题在对外汉语教学和语言信息处理中又是一个极其重要的问题,意义重大。因此,对于水平高一些的同学可以要求他们进一步深入思考、探索重音问题。章节式方法实施起来比较灵活,易于操作,每次阅读的量也不是很大,学生乐于完成,也容易找出问题。缺点是比较零碎,不利于系统的知识学习。

通读式是指学完整个教材后,让学生进行全面的比较,找出异同。通读式既可以发现不同教材总的知识体系及各章节知识体系的异同,还可以发现局部的细微的异同,从而提出问题。一方面,通读式可以培养学生的全局意识,利于知识系统的进一步消化和吸收,另一方面,通读式的阅读量大,要想发现问题,就要有细致入微的功夫,因而有利于培养学生敏锐的洞察力。通读式的缺点是阅读量大,时间较长,一定程度上加重了学习负担,也需要足够的耐心,宜用于水平层次比较高的学生。

(二)问题式和专题式

问题式是指让学生带着某一问题去阅读,去比较,从而发现问题。如与韵母相关的押韵问题,两部教材不一致。在"押韵和韵辙"这一小节中,黄本第54页说道:"押韵又叫压韵,指的是韵文(诗、词、歌、赋、曲等)中常在每隔一句的末尾用同'韵'的字。'韵'与'韵母'不是相同的概念,韵头不同(韵腹、韵尾相同)也算同'韵',但不算韵母相同。就是说,押韵的字只要求韵腹和韵尾相同①,不要求韵头(介音)也都相同。"邵本第35页的说法是:"'押韵'是诗歌和韵文的语音和谐手段之一,所谓'押韵'就是指相邻的句末两个音节韵腹和韵尾相同或者韵腹同而韵尾相近的情况。"比较可以看出,两者的理解是不一致的:一是押韵是在"每隔一句的末尾",还是在"相邻的句末两个音节";二是押韵到底是"韵腹和韵尾相同"(或宽式的"韵腹相近韵尾相同"),还是"韵腹和韵尾相同或者韵腹同而韵尾相近"。带着这一问题,让学生仔细阅读两部教材上的内容,并进一步查阅资料,给出合理的答案。问题式的方法目标明确,针对性强,细心的同学一般都能在比较中发现问题,因此易于操作,学生乐于配合。但问题式的不足是目标较小,学生易于发现,不利于培养学

_____

① 黄本在该处有一注释:"放宽也包括韵腹相近韵尾相同的。"

生细致的观察力。

专题式比问题式的范围要宽,让学生就某一专题去阅读,去比较,找出异同,提出问题。如歧义问题涉及语法、语义等多方面的因素,也需要寻找科学而有效的方法予以分化。因此,歧义问题一直是汉语研究的一个重要问题。对于歧义问题,黄本和邵本都予以了详细论述。黄本第51~54页从结构关系不同、语义关系不同以及结构关系和语义关系都不同三个方面举例论述了多义短语的类型。邵本"语法"一章第九节"歧义现象分析"以一节的篇幅专门论述了歧义问题,包括歧义类型、歧义格式、歧义的消除三个方面,其中歧义格式的论述最为详尽,列举了十三种格式。与黄本相比,邵本的论述不但系统,而且深入得多。基于这样的事实,教师可以以歧义问题作为专题,指导学生在阅读比较中认真思考、深入探究。专题式学习和研究是重要的治学方法,有利于把某一专题的思考引向纵深和系统,并可以提出新的问题。因此,专题式的阅读比较法可以培养学生较高层次的学术思维和研究能力。但专题式难度大,有时难于掌控,需要教师精心设计,适时予以指导。

上文从两个角度论述了教材阅读比较法的实施方法。实践中,这些方法往往是结合起来运用的,如可以让学生带着某一问题或就某一专题去阅读指定的章节或通读全书。

四、教材阅读比较法的原则

为使教材阅读比较法取得实效,切实培养学生科学的思维方法,提高发现问题、分析问题及解决问题的科研创新能力,在实施的过程中需要遵循一定的原则。

(一)层次原则

层次主要包括两个方面,一是课程知识能力要求层次,二是学生的专业水平层次。同一课程,对学生知识能力的要求可以分为不同的层次。例如,邵本提出,学生的语言素质和语言能力可以分为三个层次:理解能力和表达能力、分析能力和思辨能力、创新能力和研究能力。这三个层次是递增的,要求不断提高。同一班级或不同年级的学生专业水平高低会有不同。此外,不同层次的学校学生素质也会存在差别。正是因为课程培养目标、学生水平、年级、学校等层次性的存在,所以实施教材阅读比较法的时候要区别对待。对于高水平、高年级以及较高层次学校的学生尽可能往高层次的"创新能力和研究能力"方向引导,不仅注重研究方法的训练,也要求尽可能写出完整的小论文,反之则要求适当放低一些。这样才能因材施教,较大程度地激起学生学习探究的兴趣,发挥教材阅读比较法的效能。

(二)方法原则

研究性教学的层次虽然低于真正的科学研究,但其过程基本相同。因此,在实施的过程中,要求学生认真阅读比较,在阅读中发现问题,然后带着问题进一步去查阅资料,分析论证,最终写成符合现代学术规范的小论文。方法原则指的是教材阅读比较法重在对学生科学思维方法、研究方法的训练,让他们熟悉科研的一般程序和规范,而不是过分地要求对知识的深刻理解和把握。

(三)能力原则

学生能力的培养及获得是要有具体的凭借和依托的,仅仅依靠课堂教学有时很难奏效,学生必须真正动手动脑。能力原则指的是要求学生实际参与,在阅读中发现问题,在探究中分析问题乃至解决问题,在过程中提高自身的学习能力、实践能力和创新能力。因此,教材阅读比较法的实施及评价要以能力的培养与获得为标准,学生在阅读比较中,学习能力、实践能力及创新能力如果有了一定的提高,那就应该予以积极的评价和充分的肯定。

(四)成果原则

成果原则指的是学生学习研究要有看得见的成果,而不是流于形式或仅仅停留在阅读比较的阶段。阅读比较中发现了问题,这就为进一步研究奠定了良好的基础。因此,需要因势利导,要求学生进一步深入思考,去解决问题。解决问题要注意不能停留在心中,停留在"我知道了"或"我懂了"的状态,要把知道和懂得的问题写出来,形成书面的成果。对于研究性教学来说,成果的形式可以不拘,水平也可以根据情况灵活掌握,但一定要求有看得见的成果,要符合学术的基本规范。

除了上述几个方面的原则外,在实施的过程中,也要注意问题的设置要有一定的趣味性和可操作性,要有一定的新颖性和学术前沿性。

根据实践,教材阅读比较法对于改进教学和学习方式,激发怀疑精神和问题意识,培养科学的思维方法,追踪学科领域最新进展,提高自主学习和独立研究的能力,是有一定效果的,操作起来也比较方便。但需要指出的是,教材阅读比较法对教师也提出了较高的要求:首先要求教师对一门课程教材状况要非常熟悉,以选定可比性强的教材来比较;其次要求教师自己认真地阅读比较,找出异同,对问题心中有数。

‖ 第二节　语料深度阅读法

从古到今,有大量的语言材料流传下来。这些语料是语言学的重要研究对象。研究这些语料,对于认识语言的结构规律及其发展演变有重要的意义。深度阅读语料,从中发现值得研究的问题,是实施研究性教学的重要方法。

一、语料深度阅读法的意义

(一)培养运用语料的意识

语言的结构和发展演变规律是从大量的语料中归纳总结出来的,但语言学课程如现代汉语、古代汉语、语言学概论以及汉语史、语言学史等相关教材上的体例一般都是先讲述原理或规律,然后举例进行论证,教师教学的基本套路一般也是这样。因此,学生难以体会到语言学的一些原理或规律是从复杂多样的语料当中经过艰难的挖掘和深入的分析比较才得出来的。另外,目前中小学的教学模式也在很大程度上让学生养成了接受现成结论的心理习惯。

让学生深度阅读语料,从中寻找发现问题,可以较好地让学生认识到语言研究由语料到结论这一艰难的历程,养成平时关注语料、收集语料的良好习惯,树立实事求是的朴学精神和科学态度。

现代汉语、古代汉语以及语言学史等课程中,都会涉及汉字六书的造字法知识。但由于各门课程教学之间是相互割裂的,学生的认识往往停留在六书理论和教材中几个例字上,不但理解不深入系统,感性认识也非常不够。针对此问题,可以围绕六书的知识理论,设计研究性教学。在讲授《中国语言学史》教材第一章第四节"字书的兴起"[①]时,笔者布置学生阅读并抄写《说文解字》段注两个部首的字及其注解,分析每个字的造字法。这样不仅使学生对古代文字的

---

① 王力.中国语言学史[M].太原:山西人民出版社,1981.

造字法和形音义关系有了进一步的认识，而且加深了对汉字和古代文化之间关系的理解，有效地激发了学生探究的兴趣，并从中生发出值得研究的问题，最后还有多位学生在此次研究性学习的基础上撰写了毕业论文，如《从〈说文解字〉"玉"部字看古代玉文化》《从〈说文解字〉"示"部字看古代祭祀文化》。

（二）获得分析归纳的能力

对于语料，不仅要阅读，而且要深度阅读，细读，反复阅读，在深度阅读中学会比较、鉴别语料，学会在细微处发现问题。深度阅读语料，还要对相关的语言现象如词汇问题、语法问题进行统计描写，做定量定性分析，进一步概括，得出结论或升华为理论。因此，语料深度阅读法可以让学生在过程中得到描写、分类、统计、概括等语言学研究的基本科学研究方法的训练，获得分析归纳的科学研究能力。

汉语言文学专业课程中，有古代文学作品选、现当代文学作品选等课程。笔者充分发挥这些课程中语料在培养学生语言研究能力方面的作用，让学生从语言学的角度切入，深度阅读这些语料，从中发现语言学方面的研究问题，并尽可能与文学艺术方面的问题联系起来，贯通语言和文学的研究。例如，《红楼梦》前八十回和后四十回的作者问题一直是红学研究的焦点问题，学界从文献、思想内容、艺术风格等不同角度进行了论证，其中也有诸多学者从语言学的角度进行了论证，发表了大量研究成果，如李阳春的《〈红楼梦〉前八十回与后四十回语言差异十例》①、曹清富的《〈红楼梦〉后四十回绝非曹雪芹所作——前八十回与后四十回虚词、词组

---

① 李阳春.《红楼梦》前八十回与后四十回语言差异十例[J]. 湖南师院学报（哲学社会科学版），1981（02）：90-91.

及回目之比较》①、刘钧杰的《〈红楼梦〉前八十回与后四十回言语差异考察》②、汪维辉的《〈红楼梦〉前 80 回和后 40 回的词汇差异》③、杨婷婷的《也谈〈红楼梦〉前八十回与后四十回语言差异问题》④、李玉晶的《〈红楼梦〉前八十回和后四十回的言语差异》⑤、包辰瑶的《〈红楼梦〉前八十回和后四十回词频的对比研究》⑥、曹莉亚的《前后迥异的〈红楼梦〉色彩世界——基于前八十回与后四十回颜色词比较看全书作者不一致性》⑦。鉴于这种情况,笔者一方面让学生认真阅读这些文献,学习他们的研究方法,另一方面让学生根据自己的阅读实际,选择比较的项目进行研究,比较的项目可以是词汇的,也可以是语法或修辞的等。同时,笔者还积极引导学生突破已有的研究,努力从句法结构、复句等角度进行比较研究。通过这样的研究性学习,学生很好地掌握了分类、统计等语言学的基本研究方法,也提高了语言研究的能力。

---

① 曹清富.《红楼梦》后四十回绝非曹雪芹所作——前八十回与后四十回虚词、词组及回目之比较[J]. 红楼梦学刊,1985(01):281-312.

② 刘钧杰.《红楼梦》前八十回与后四十回言语差异考察[J]. 语言研究,1986(01):172-181.

③ 汪维辉.《红楼梦》前 80 回和后 40 回的词汇差异[J]. 古汉语研究,2010(03):35-40.

④ 杨婷婷.也谈《红楼梦》前八十回与后四十回语言差异问题[J]. 中南林业科技大学学报(社会科学版),2011(01):111-113.

⑤ 李玉晶.《红楼梦》前八十回和后四十回的言语差异[D].武汉:华中师范大学,2012:1-46.

⑥ 包辰瑶.《红楼梦》前八十回和后四十回词频的对比研究[J]. 湖北科技学院学报,2013(09):61-62,74.

⑦ 曹莉亚.前后迥异的《红楼梦》色彩世界——基于前八十回与后四十回颜色词比较看全书作者不一致性[J]. 明清小说研究,2014(01):133-145.

二、语料深度阅读的方法

语料深度阅读的方法可以从多种角度分类。在实践中笔者以问题为导引,结合语料的存在形式,总结出问题法、专题法和专书法三种方法。

(一)问题法

古今的语料浩如烟海。为了提高语料阅读的成效,避免盲目性和徒耗时间,教师在运用这种方法时就要有明确的目的,最好让学生带着问题去选择、阅读材料,在深度阅读中提出值得研究的问题,并选择恰当的语料去论证所提的问题。问题法在具体操作时,教师可以采用正序和逆序两种方式。正序是给定具体的问题,让学生去选择查找语料。逆序是给定语料,让学生阅读后提炼出研究的问题。例如,上文从语言学角度辨析《红楼梦》前八十回和后四十回的作者问题,既可以让学生带着确定的比较项目去阅读,也可以在反复阅读中确定比较研究的项目。

(二)专题法

专题法就是给定语言学的某一研究专题,如语音、词汇、语法或修辞,让学生围绕专题去选择语料,语料可以是断代的,也可是不同时代的,然后在深度阅读中提出问题,进行研究,可以进行共时的分析和描写,也可以做历时的梳理和探索。专题法以某一专题为线索去选择阅读语料,相对于问题法,操作起来难度更大一些,学生往往因畏难或缺乏足够的耐心无果而终。因此,在实践中可以采用小组合作的方式进行,一方面可让学生根据各人所长选择确定较小的问题进行研究,最后汇集成大问题,另一方面可以让学生围绕专题确定研究内容,分工合作,共同去完成任务。再如上面关于《红楼梦》前八十回和后四十回的作者问题,本书提出了从复句的角度进行阅读比较,但是复句的类型很多,涉及的问题也很多。因此,围绕复句这一专题,需要进一步进行任务分解,每组承担一两类复句的比较工作。这样一个较大的专题就进行了细化,学生不但能在相互激励和研讨中完成研究工作,而且在过程中实实在在地体会到了团队的力量,树立了团队精神。

(三)专书法

以专书为对象进行专书语言学研究,是语言学研究的一种重要而基础性的研究工作,对于个人也是一种极好的锻炼,受到语言学界的普遍重视。何乐士指出:"专书语言研究是纵向或横向的专题研究、汉语断代史、汉语发展史、汉语历史大词典等系统工程的可靠基石;是建立古汉语语法体系的必要准备;是检验自己或前人研究成果的锐利武器;也是汉语言学和普通语言学向前发展的重要动力。正是由于大多数学者达成这样的共识,所以断代专书的研究已成为当前语言研究中一个重要的发展趋势。""研究人员通过专书研究这种解剖麻雀的方法可以受到极好的锻炼:第一步,由确定专书,选择版本,进行校勘和标点,到整理好该书的电子版本和专书索引等;第二步,对专书的词类和句法分别进行穷尽、量化的研究。至于编撰专书词典,有的学者在第二步工作开始之前完成,有的则在第二步工作完成后进行,这要根据各人具体的条件而定。以上这些工作对于研究者无疑是一个全面锻炼的过程。同时在长期的研究过程中,研究者不仅在语法研究专业方面将受到严格训练,还可能成为研究该部著作的专门人才。因此,这项工作无论对语言学事业或是对研究者个人都是十分有意义的。"① 在运用语料深度阅读法的时候，教师可以借鉴专书研究的一些成熟做法，指导学生选择某一问题开展专书研究。专书法的优点是阅读的语料量比较大，学生需要付出一定的劳动，做扎实的资料收集整理工作，才能实现预定的目标，这对学生的耐心和智慧都是一种考验。因此，专书法的训练效果往往比较好。缺点是阅读量大、耗费的时间比较长。因此，在实践中，人们往往把专书研究和文学作品的阅读联系到一起，让学生在阅读作家作品的时候多一个语言学的研究视角，从而达到减少额外负担和节约时间的目的，收到一箭双雕的效果。如钱锺书先生的长篇小说《围城》，不仅风格独特，文学成就高，在语言艺术方面也达到了炉火纯青的程度，尤其是其中的比喻，新奇而准确，令人拍案叫绝。因此，在教授《现代汉语》"修辞"一章内容时，笔者事先要求学生阅读《围城》，根据教材讲授的内容，从中寻找各类辞格的例证，待学完"修辞"这一章后，笔者进一步要求学生以《围城》为研究对象，自定内容，自拟题目，研究《围城》的语言运用艺术。这种把专书研究和教学结合起来的操作办法，既深化了学生对教学内容的理解，也较好地训练了专书研究的能力。

为了克服专题法和专书法阅读、研究任务较重的不足，实践中，可把专题研究、专书研究和学生的毕业论文联系起来，明确告诉学生这既是研究性教学的一种训练，同时是做毕业论文的实战，大四毕业时就可以此为基础做毕业论文。这样处理后，学生就更愿意坚持，也把毕业论文工作分散在了平时的教学中，效果也就更好。

---

① 何乐士. 专书语法研究的回顾与展望[J]. 湖北大学学报,2001(06)：70-74.

度阅读法的时候,还要注意科学性这一原则。例如,研究近代汉语语法,就需要一套可靠的研究资料,但是近代汉语时间跨度长,语料性质复杂。为此,刘坚、蒋绍愚主编了一套《近代汉语语法资料汇编》(唐五代卷、宋代卷、元明代卷)。该汇编把历代有代表性的白话资料集中起来,分年代编写。汇编选择语料时,具体标准有三条。一是选择篇幅较长而口语成分较高的文献,以散文为主。二是选入的资料需要写作时代明确,版本可靠。三是选择资料时希望每个世纪有它有代表性的文献。[①] 可以看出,《近代汉语语法资料汇编》选入的语料是很可靠的,口语成分高,能准确反映语言的实际情况;时代明确、版本可靠,能准确反映是什么时代的语言;每个世纪有它有代表性的文献,串联到一起,就能系统地反映出语言的发展变化。因此,据《近代汉语语法资料汇编》研究近代汉语语法,就比较科学,得出的结论也是比较可靠的。在教学中,也有学生选择《三国演义》作为语料,进行研究。《三国演义》与《红楼梦》《水浒传》《西游记》的语料性质上有很大的不同,后三者是独立创作的,内部基本上属于同时代的语料,而《三国演义》是在《三国志》等基础上再创作而成的,里面有很多历史的语料,也就是说《三国演义》不是同时代的语料,在研究中如果不仔细加以甄别,得出的结论也许就不可靠。

‖ 第三节　关注现实语言生活

语言与社会生活息息相关,随着社会的发展而发展,每天都会产生一些新的语言现象;语言应用的领域非常广泛,

---

① 刘坚,蒋绍愚.近代汉语语法资料汇编(唐五代卷)[C].北京:商务印书馆,1990.

为了规范语言文字的运用,国家也不断出台一些语言文字政策。这些都要求研究者要关注现实的语言生活。此外,研究性教学本身所具有的开放性属性也要求研究者走出课堂和校园,投身到现实的语言生活中,挖掘语言的财富。因此,引导学生关注现实语言生活,发现问题并予以解决,就是一种重要的研究性教学方法。

一、关注现实语言生活的意义

(一)培养对语言发展的敏感性

语言是现实生活的一面镜子。自 2005 年以来,国家每年都会发布中国语言生活状况报告,大到国家的语言文字政策、中华语言文化的传承和弘扬,小到一些新词语、流行词语和新的语法格式,对现实语言生活进行记录和反映。社会生活的面有多宽,语言的面就有多宽,但语言的发展变化又是渐变的。要在寻常的语言生活中发现值得研究的问题,这就要求学生做一个语言生活的有心人、有情人,时时刻刻注意观察、留心记录,养成善于捕捉语言发展变化信息的习惯。因此,引导学生关注现实语言生活,从现实生活中发现问题,就可以不断增强学生对语言发展变化的敏感性,培养学生宽阔的眼界以及细致入微的眼力。

(二)培养跟踪研究语言的能力

语言虽然每天都在发展变化,但其发展变化的规律是隐性的,需要收集大量的语料,或长期跟踪,深入比较分析,归纳推理,才能找出其发展变化的规律,或对其发展变化做出科学合理的解释。引导学生关注现实语言生活,不仅要培养学生对语言的敏感性,更要注意培养他们跟踪研究语言的能力。如果对现实语言生活仅仅停留在观察、记录的层面,那是算不上真正意义上的研究性学习的。例如,对广告语言,屈哨兵、刘惠琼进行了长期跟踪研究,撰写了专著《广告语言跟踪研究》[①],这种研究方法和坚持的精神是很值得学习的。

(三)培养学生语言应用的意识

语言不仅仅记录、反映社会生活,其本身也有应用价值,例如,在人际交流沟通、语言教学、计算机信息处理及经济文化领域的应用。语言不仅具有工具的价值,还具有经济价值、文化价值,语言也是生产力。因此,应用语言学也成为近年来发展很快的语言学分支学科。但是,高校汉语言文学专业一般偏重于开设理论性的语言学课程,对应用语言学的重视不够,对语言现实价值的重视挖掘不够。一切学术研究都是当下的。如果研究者的科研和教学缺乏应用的视角,不能解决当下的问题,其分量和魅力是要大打折扣的。学习语言学到底有什么用,也是学生经常提出的问题。开展研究性教学,要引导学生关注现实的语言生活。教师如果围绕国家语言文字政策(如《国家中长期语言文字事业改革和发展规划纲要(2012—2020年)》)精心设计一些语言应用方面的选题,学以致用,是可以较好地培养学生语言应用的意识的,也可以长久地激发学生学习的兴趣和热情。

二、关注现实语言生活的方法

(一)调查研究法

关注现实语言生活,最好、最常用的方法就是调查研究。要养成细心观察的习惯,留心语言细微的发展变化,对语言

---

① 屈哨兵,刘惠琼.广告语言跟踪研究[M].广州:暨南大学出版社,2009.

进行动态监测并及时进行记录和整理。例如,网络语言、手机语言发展变化很快,有的表达式还极具智慧和创意。学生可根据自己的学习和生活实际,制订计划,每天安排一定的时间,持之以恒,坚持浏览一定的网站或跟踪某一语言现象,对观察到的新鲜语言现象进行记录,并把所记录的语言变化的语料分门别类进行整理,放入不同主题的文件夹。在实践中,学生如果养成观察记录的习惯,不但可以提高科学素养,还可以克服无目的的上网浏览耗费时间的不良习惯,让网络变成学习的工具和良师益友。随着 2008 年北京奥运会的成功申办与举办,体育文化以空前的规模和速度走入百姓生活,从媒体到街头巷尾,"新北京、新奥运"以及"绿色奥运、科技奥运、人文奥运"都是人们谈论的热点问题,大量的体育词汇也随之进入语言生活。在这一背景下,笔者以体育词汇为研究对象,引导学生从语言本体、语言和文化、语言和经济等角度记录、追踪体育词汇,进行研究性学习,取得了很好的教学效果,最后还有学生在研究性教学的基础上围绕"体育词汇"专题撰写了毕业论文。

调查法有时还需要运用社会调查的方法,让学生围绕某一问题,如规范字使用问题、方言问题、语言接触问题,进行调查研究,很多时候还需要主动走出校园,走到城市街头,走到农村地头,做些实际的调查研究,收集资料,撰写成调查报告或研究论文。吕嵩松老师从以下三方面进行研究性教学,取得了非常好的教学效果,特色鲜明,值得借鉴:(1)立足本土,充分利用百色地区丰富的语言资源进行考察和研究;(2)利用大学生对新事物的敏感考察和研究富有活力的新的语言现象(如新词语、校园语言现象);(3)结合阅读,对校园文学、本土作家等文学语言进行研究。[①]

（二）语料库方法

"语料库语言学已经成为语言研究的主流。基于语料库的研究不再是计算机专家的独有领域,它正在对语言研究的许多领域产生愈来愈大的影响。"[②] 语料库语言学作为一种语言研究的方法(即语料库方法),"在语言研究中的一个重要作用就是可以为研究者提供更一般的、经验的语言数据,这些经验数据可以使语言学家作出的结论更客观。"[③] 如对于汉语新词语问题的研究,侯敏等从 2007 年开始在大型语料库中提取新词语。这项工作至今已持续多年,每年出版一部汉语新词语的编年本,这就是语料库方法成功运用的范例。2018年 7 月 17 日,北京语言大学国家语言资源监测与研究平面媒体中心发布 2018 年春夏季中国报纸流行语。发布的流行语包括八个类目,分别为综合类、国内时政类、国际时政类、经济类、科技类、文化教育体育娱乐类、社会生活类和民生专题。其中综合类十大流行语是:改革开放 40 周年、宪法修正案、青岛峰会、北京八分钟、中美贸易摩擦、板门店宣言、中国特色自由贸易港、新时代属于每一个中国人、网络安全、提高个人所得税起征点。

这次发布的 2018 年春夏季中国报纸流行语,就是基于北京语言大学动态流通语料库(DCC),通过计算机提取及人机交互处理获得的。流行语的语料来源包括国内 16 家报纸

[①] 吕嵩松.发挥优势,开展有特色的语言学研究性学习——在我校中文专业语言学课程中开展研究性学习的一点设想[J].广西右江民族师专学报,2003(04):124-128.

[②] 黄昌宁,李涓子.语料库语言学[M].北京:商务印书馆,2002.

[③] 黄昌宁,李涓子.语料库语言学[M].北京:商务印书馆,2002.

2018 年 1 月 1 日至 6 月 30 日的全部文本。这 16 家报纸覆盖国内的政府机关报、地方都市报和发行量较大的晚报,能够代表中国主流媒体的语言特点和变化指征。[①]

关注现实语言生活,教师和学生还可以根据需要,紧跟语言发展动态,自己建设与编纂一个适合于自己研究兴趣与研究目标的小型语料库。基础较好、兴趣浓厚的学生,还可以学习使用相关软件,或与学计算机科学的学生合作开发软件,对语料库进行加工和管理,尝试进行词性、词义、句法等的标注,并积极使用语料库进行有关的语言研究。语料库方法是一种综合性的训练方法,除了对语言学的要求外,对计算机技术方面也有一定要求。如能坚持,这种方法训练效果是比较好的,还可以为学生将来报考计算语言学方面的研究生打下一定的基础。[②] 国家对语料库的建设非常重视,目前建设了多种语料库,如国家语委的现代汉语语料库、古代汉语语料库。这些都可以很好地用来进行语言学课程的研究性教学及语言研究。

三、关注现实语言生活的原则

(一)客观性原则

关注现实的语言生活,从中归纳总结语言发展变化的规律,其基本的方法论是经验的,因此,要求所依据的语言事实必须是真实可靠的。如果记录的语言材料不客观、不真实,

---

① 2018 年春夏季中国报纸十大流行语发布[EB/OL].北京语言大学国家语言资源监测与研究平面媒体中心,2018[2018-12-24]. http://cnlr. blcu.edu.cn/index.html.

② 计算语言学是边缘学科,对语言学和计算机科学知识都有一定的要求,但目前的专业设置使学语言学的不懂计算机科学,学计算机科学的又不懂语言学。因此,两者都懂的复合型人才很是匮乏。

在此基础上概括出的发展变化的规律必然也是不客观、不真实的。如上文北京语言大学国家语言资源监测与研究平面媒体中心发布的 2018 年春夏季中国报纸流行语,其语料来源就是国内 16 家报纸 2018 年 1 月 1 日至 6 月 30 日的全部文本。这 16 家报纸是(按音序排列)北京青年报、北京日报、北京晚报、法制日报、光明日报、华西都市报、今晚报、南方都市报、钱江晚报、齐鲁晚报、人民日报、深圳特区报、新京报、新民晚报、羊城晚报、中国青年报。[①] 因此,在开展研究性教学和学习时,要遵循客观性原则,观察记录的语言材料务必客观真实,并尽可能全面,切不可凭一己的判断去随意改变或删略。如大学生群体的语言特色鲜明,变化快,变异性强,要了解大学生言语社区的语言特点及其发展变化规律,大学生就需要突破个人经验和认识,充分运用社会调查的方法,进行实际调查和研究,这样才能保证获得较为客观真实的研究材料。

(二)立体性原则

现实的语言生活范围非常广泛。从语体的角度看,语言有书面语和口语两种语体。其中,书面语又可以分为公文语体、政论语体、科技语体、文艺语体等多种,口语也有正式和非正式之分以及普通话和方言的区别等。此外,从载体看,不同的传播媒介对语言的形式和发展变化的影响也是不同的,如网络语言、手机语言等新媒体语言特色鲜明,创新性、变异性强,发展变化较快。相对来说,电视、报纸等语言发展变化就慢一些。因此,在教学中,引导学生观察、收集语料时,要注意语言范围的广泛性,遵循立体性原则,采样要考虑到

[①] 2018 年春夏季中国报纸十大流行语发布[EB/OL]. 北京语言大学国家语言资源监测与研究平面媒体中心,2018[2018−12−24]. http://cnlr. blcu.edu.cn/index.html.

不同的语体和不同传播媒介上的语言,并使样本分布尽可能科学、合理,避免把关注点集中在少数问题上(如开展研究性教学时,较多的学生关注网络语言、手机语言),出现面过窄的现象。

(三)持续性原则

语料的收集整理和语料库的编纂建设贵在坚持。只有保持语料的连续性和动态性,才能真实地反映语言发展变化的过程,这样的语料库也才具备语言研究的学术价值。有了较为系统的语料库作基础,提出了值得研究的问题,在具体研究时,再辅以搜索引擎搜索和相关语料库支持,就能较好地进行探索和研究。如果收集的语料零零散散,不成系统,或完全依赖于搜索引擎搜索,一方面难以找到值得研究的问题,另一方面也不利于对问题展开较为系统的研究,不利于对有关语言现象给出较为合理的解释。每年毕业季的毕业论文,因为平时缺乏积累,多数是匆忙选题,搜索资料,最后草草成章,论文也就难以超越肤浅和剪贴的层次。开展研究性教学,让学生从大一就围绕某一问题持续观察、记录、思考,关注语言发展和研究的动态,大四时再做毕业论文,就可以较好地避免草草成章的问题,提高论文的质量。

‖ 第四节 研读理论文章

前面所述几种提出问题的方法,能较好地训练学生的问题意识和提出问题的能力,但相对而言,研究性的层次还是略低一些,有时提出的问题或价值不大,或已被充分研究。对于研究性教学来说,只有上升到理论和学术研究的高度,才能从研究性走向准学术研究、走向真正意义上的学术研究,也只有这样,才能真正培养出有创新特质的人才。

一、研读理论文章的意义

（一）关注学科的发展动态

教材是经过精心组织编写的，是学生获取专业知识的重要渠道，但教材固有的局限性（如教学内容滞后、结论缺少争议性）在很大程度上也限制了学生提出问题、紧跟学术发展动态的空间和热情。学术期刊上刊发的理论文章，是提出问题、探讨问题的学术园地，是最新学术研究的成果展示，反映了学科的最新发展动态，值得认真研读。但是调查中发现，学生很少主动去阅读专业性的期刊，如《中国语文》《当代语言学》《语言文字应用》《语言教学与研究》《语言研究》。不少教师虽然课堂上有时也给学生介绍这类期刊，引导学生阅读，但毕竟课时有限，课堂上介绍终究还是隔了一层。要了解学科的发展动态，还是需要学生亲身去阅读、去领悟。因此，在研究性教学中，引导学生研读理论文章，非常有利于突破教材和课堂的局限，激发学生学术探索和研究的兴趣，从而进入学科发展的前沿阵地。

（二）走向真正的学术研究

研究性教学虽然是模拟学术研究的基本路径、方法等进行教学和学习，但毕竟不是真正意义上的学术研究。研究性教学要真正走向学术研究，就必须拓宽学术视野，训练学术思维，关注学术发展动态，紧跟学术前沿，把感性认识上升为理性认识，形成理论文章。但事实有时不是这样，大四学生撰写毕业论文的时候，不知如何有效查阅研究资料（学生利用百度、谷歌等搜索引擎查阅资料，出处也注明来源于百度或谷歌等）、不知理论文章撰写的基本规范是常见的现象，指导老师很是头疼。因此，高校很多教师都有取消本科生毕业论文的说法。问题的实质不是在于是否取消毕业论文,而是学生平时的学术训练太少,毕业论文短时间要想达到一定的水平和层次那是很困难的。学术研究是研究性教学的最高和最终目标。因此,实施研究性教学就要引导学生认真研读理论文献,切实进行学术训练,只有这样才能走向真正意义上的科学研究。

二、研读理论文章的方法

研读理论文章有多种多样的方法,应根据本科生的实际,选择适当的方法,并进行适当的指导,以保证研读理论文章取得实际的效果。在实践中,笔者总结出如下几种方法。

(一)问题式

语言学学科的学术刊物很多,内容涉及语言学的方方面面。此外,也还有大量的理论文章发表于大学学报或一些社科类综合性刊物。为了节约学生搜寻的时间,提高教学效率,在研读理论文章训练的初期,教师可根据教学内容或拟定的研究性教学问题,指定学生阅读哪些学术刊物,甚至可以指定具体的文章篇目让学生查找、研读,从中生发出研究的问题。例如,关于汉语人名的拼音问题,1996 年颁布的《汉语拼音正词法基本规则》有明确的规定:"汉语人名按姓和名分写,姓和名的开头字母大写。笔名、别名等,按姓名写法处理。如 Lǐ Huá(李华)、Wáng Jiànguó(王建国)、Dōngfāng Shuò(东方朔)、Zhūgě Kǒngmíng(诸葛孔明)、Lǔ Xùn(鲁迅)、Méi Lánfāng(梅兰芳)、Zhāng Sān(张三)、Wáng Mázi(王麻子)。"但在实际的语言生活甚至严谨的学术期刊中,人名拼写的不规范现象很常见,如"Huá Lǐ(李华)""Wáng Jiàn-guó"。有关学者也对此进行了专门研究和分析,如原新梅的《学术期刊作者姓名的拼写规范问题》^①、李悦的《期刊人名拼音拼写错误评析》^②。2012年，国家重新修订颁布了《汉语拼音正词法基本规则》，学术期刊人名的拼写现状又如何呢？带着这一问题，笔者让学生认真阅读指定的文章，思考分析，然后着手进行调查研究。

在实际操作过程中，教师还可以选择一组内容关联度较大的文章，也可以选择一些观点不同而具有争议性的文章，甚至还可以选择结论相反的文章，这样更有利于激发学生的研究兴趣。例如，在全球化和信息化的语境中，外来词大量涌入，网络语言快速变异，人们汉字书写能力下降。这些现象让人觉得汉语汉字的"正宗""纯洁"受到了冲击，由此提出"汉语危机论"的命题。但也有很多学者认为"汉语危机论"是一个伪命题，是耸人听闻、杞人忧天。"汉语危机论"问题引发了广泛持久的争论，发表了大量的文章^③，教师可以有选择地指定学生去认真研读其中的部分文章，在分析、思辨中提出自己的观点和论据，从而提高科研能力。

（二）专题式

在引导学生研读理论文章的初期，适宜于采用上述问题式的指定研读，但随着过程的熟悉和深入，就需要渐渐拓宽范围和提高研读的难度，这时可以采用专题式。专题式是让学生围绕某一主题，自己广泛搜索、认真筛选文章，分析比

① 原新梅.学术期刊作者姓名的拼写规范问题[J].语言文字应用,2002 (01):66-70.

② 李悦.期刊人名拼音拼写错误评析[J].语言文字应用,2008(04):28- 34.

③ 关于"汉语危机论"文章,可参阅:陈春雷.汉语危机并非耸人听 闻——与汉语危机否定论者商榷[J].学术界,2013(04):109-116, 286-287.

较,提出问题,并进行论证。这样既训练了学生查阅资料的能力,也提高了学生学术思辨和研究的水平。在实际操作过程中,教师围绕某一主题,可以让全班学生一起查阅资料,研读后分析讨论;也可以分组,让学生在查阅、研读资料后提出不同的观点,以小组为单位进行辩论,让学生在学习、讨论的过程中提高学术素养,消化、应用所学知识。辞格是修辞学的重要内容,《现代汉语》教材中分四节讲述了十九种较为常用的辞格①,分别是第四节(辞格一)"比喻、比拟、借代、拈连、夸张",第五节(辞格二)"双关、仿词、反语、婉曲"②,第六节(辞格三)"对偶、排比、层递、顶真、回环",第七节(辞格四)"对比、映衬、反复、设问、反问"。据此,教师提出这样的问题引发学生的思考:十九种辞格分为四节,每节讲述四或五种辞格,这样编排的依据是什么?是每节讲述的几种辞格有内部的逻辑联系,还是仅仅为了教学课时安排上的便利?在学生思考和讨论的基础上,教师进一步引导,让学生围绕"辞格的科学分类"这一主题去研读相关理论文献,进行研究性学习,从而进一步加深对修辞知识和理论的理解。③

---

① 黄伯荣,廖序东.现代汉语[M].增订六版.北京:高等教育出版社,2017.

② 黄本《现代汉语》(增订五版)该节还有"设疑"辞格,到增订六版的时候删除了这一辞格。因为什么原因删除,教师也可引导学生进行思考和研究。

③ 这十九种辞格中,学生对其中大部分比较熟悉,且采用"定义加例证式"的教学方法也比较单调。因此,这部分内容往往教学效果不佳。引入"辞格的科学分类"为主题的研究性教学后,能较好激发学生的学习兴趣,引导他们学会从更高的层面看待问题。

三、研读理论文章的原则

（一）学以致用原则

研读理论文章需要注意的是不能为了纯理论研究而让学生进行研读，毕竟本科生的专业水平和学习目标不同于研究生。研读理论文章最好是与教学、与实际问题结合起来，遵循学以致用的原则，切忌大而泛的理论思辨文章。因此，在教学实践中，教师可以结合课后思考题、考研的试题、现实语言生活或者语文教学中的一些实际问题，让学生围绕这些问题去搜寻、研读相关的理论文章。这样既加深了对问题的理解和掌握，也有助于激发学生学习的兴趣。黄本《现代汉语》教材"词汇"一章思考和练习一第七题是"指出下列复合式合成词的类型"①，题中第一个词是"痛快"。对于"痛快"一词的结构类型，不少学生不能准确地分析出来，究其原因，主要有二：一是现代汉语中"痛快"已经固化为一个词，如"玩得很痛快"，"喝酒喝得很痛快"。"痛快"，《现代汉语词典》（第6版）的解释是："形①舒畅；高兴：看着场上一堆一堆的麦子，心里真～。②尽兴：这个澡洗得真～｜痛痛快快地玩一场。③爽快；直率：队长～地答应了我们的要求｜他很～，说到哪儿做到哪儿。"②因此，对于学生来说，他们对这个词的接受和理解是整体性的，即把"痛快"作为一个词来接受，一般不加分析。二是现在学习了词的结构，对"痛快"进行结构分析。分析后，"痛"的常用意义古今基本一致，是"疼痛"的意义，而"快"的常用意义则变化较大，现代汉语

① 黄伯荣，廖序东.现代汉语[M].增订六版.北京：高等教育出版社，2017.

② 中国社会科学院语言研究所词典编辑室.现代汉语词典[M].第6版.北京：商务印书馆，2012.

常用意义是"速度高;走路、做事等费的时间短(跟'慢'相对)"。① "痛"的"疼痛"义与"快"的"速度高"义,两者之间不同类,语义关系不好理解。因此,"痛"和"快"两者是什么结构关系,学生分析起来就比较困难。查阅相关辞书,如《古汉语常用字字典》对"快"的解释如下:

> ① 高兴,痛快。《战国策·秦策》:"文信侯去而不～。"宋玉《风赋》:"～哉此风。" ② 放纵,放肆。《战国策·赵策二》:"恭于教而不～,和于下而不危。"熟语有"大快人心"。 ③ 快,与"慢"相对(后起意义)。杨衒之《洛阳伽蓝记·开善寺》:"～马健儿。" ④ 锐利,锋利(后起意义)。李商隐《行次西郊作》诗:"～刀断其头。" 【注意】"快"在上古只作"高兴""痛快"讲。②

借助辞书,学生就基本明白,"痛快"是由表示"疼痛"义的"痛"和表示"高兴、痛快"义的"快"两个意义相反的语素组成的偏义复词,结构上应是并列结构,类似于"动静""忘记"等词。但是,如果仅仅到这一步,研究性教学的成果还不明显,仅仅是解决了一个具体问题。基于"痛快"一词的结构分析,至少还有以下两个问题值得深究。

1. 偏义复词的形成原因和机制问题(也就是为什么会形成偏义复词,偏义复词形成的规律是什么);

2. 词义引申的问题("快"的"高兴、痛快"义为什么会引申出"放纵、放肆""与慢相对""锐利、锋利"等义项)。

围绕这些问题,让学生去研读相关的理论文章,对这些问题做出解释,学生就能很好地体会到研读理论文章、学以

---

① 中国社会科学院语言研究所词典编辑室 . 现代汉语词典[M]. 第 6 版 . 北京:商务印书馆,2012.

② 王力,岑麒祥,林涛,等 . 古汉语常用字字典[M]. 第 4 版 . 北京:商务印书馆,2005.

致用的愉悦与成就感。

（二）循序渐进原则

理论文章学术性较强，能读懂、读透一篇高质量的学术论文，需要学生具备扎实而深厚的专业知识。因此，研读理论文章，学生常常比较费力，也比较畏惧，低年级的学生更是如此。为了使研读理论文章的方法能较好地发挥其在研究性教学中的效用，教师对指定阅读的文章和拟研究的问题要精心选择，文章内容要以学生能读懂为标准，循序渐进，先易后难，让学生逐步获得研读理论文章的能力。语言学的学术期刊中，像《中国语文》《当代语言学》《古汉语研究》等刊发的文章专业性、学术性极强，有的文章教师读起来都很费力。如果不加选择，让学生去阅读这些文章，不仅会影响学生研读的兴趣，也会削弱研究性教学的效果，甚至较早地泯灭学生对学术研究弥足珍贵的热情。

其实除了理论文章，还可以研读专著，但因为本科生专业知识有限，研读专著存在一定困难，时间上有时也不太允许，所以本节只是论述了研读理论文章的问题，不过基本道理是一样的。此外，参加学术讲座、学术会议也是学生紧跟学术前沿、接受学术熏陶的重要方面。因此，也建议教师积极引导本科生多聆听一些学术讲座，有机会也能有选择地参加一些学术会议。

第六章
分析解决问题

虽说提出问题比解决问题更重要,但是研究性教学不能仅到提出问题而止。有了问题之后,就需要对问题进行分析,努力尝试解决问题。这样才能取得切实的教学效果。根据研究性教学的要求,结合学生实际,本书提出一些分析解决问题的方法和思路,以引导学生学会分析解决问题,培养他们的研究能力。

‖ 第一节　课堂分析讨论

研究性教学的精髓之一就是反对接受式教学的教师一言堂,而要求师生在课堂上展开充分讨论,充分发挥学生的积极性和创造性。课堂上师生共同活动,分析讨论提出的问题,这是研究性教学最常态化也是最重要的一种解决问题的方法。

一、课堂分析讨论的意义

(一)深化教学方法改革

关于高校的课堂教学现状,教育部高教司吴岩司长有一段话非常发人深省,摘录如下:

课堂教学是人才培养的主渠道、主阵地。

有专家分析,课堂教学可以分五重境界。最低一重境界是安静(Silence),这样的课堂无比"安静",老师在拼命地讲,学生在吃、在睡、在玩手机,师生互不相扰。在我们大学,这样的课堂不少,新建本科院校有,普通本科院校有,"211 工程"高校有,"985 工程"高校有,现在的"双一流"建设高校也有。第二重境界是回答(Answer),在课堂上学生与老师有简单互动,但只停留于回答 Yes 或 No。第三重境界是对话(Dialogue),老师与学生在课堂上有一定的交流和互动。第四重境界是批判(Critical),学生与老师之间不仅有交流、有对话,学生还会对老师所讲的有质疑。第五重境界是争辩(Debate),学生对老师所讲的不仅有所谓的批评、质疑,师生间还有争辩。我前一段时间到美国加州理工学院和加利福尼亚大学洛杉矶分校见到了其分管评估的校长。他们告诉我,美国大学课堂没有中国那么安静,大学生虽也有吃东西的,有进进出出的,但是师生之间的质疑和争辩很常见。我国大学课堂上安静和互动常见,质疑和争辩极少。一流的本科应该有一流的课堂教学。[①]确实,作为大学教师,我们都清楚我们的课堂处于哪一重境界,大学课堂教学到了应该也必须改的时候了。教学改革改到深处是教学方法的改革,改到难处也是教学方法的改革。课堂教学方法的改革是高等教育的一个难题。因此,虽然国家倡导讨论式、探究式等教学方法,但实际上,目前高校进行教学方法改革举步维艰。开展研究性教学,让学生在课堂上充分发表自己的意见,提出解决问题的思考和思路,退

---

① 吴岩.一流本科 一流专业 一流人才[J].中国大学教学,2017(11):4-12,17.

一步讲,即使讨论不了了之,但对于打破课堂沉闷的气氛、深化教学方法改革也是意义重大。从某种程度上说,这也完全可以算得上是研究性教学所取得的成绩。

(二)激发出创新的火花

课堂上师生互动,自由平等地畅谈各自对问题的认识、理解,从各自角度提出解决问题的方法和思路,不仅可以讨论,甚至可以辩论。在这种宽松、民主的课堂气氛下,思想交融碰撞,最容易产生头脑风暴效应,激起创新的灵感和火花,收获会心的微笑。目前提倡和兴起的翻转课堂,其实质也是要求教师少讲精讲,而把大量的时间留给学生分析讨论,让学生积极参与、学会思考、学会表达,从而提高教学效果。据笔者观察和有关文献反映,虽然有不少教师尝试教学方法改革,课堂上组织学生进行交流互动,也有的教师采用翻转课堂的形式,但是很多停留在比较浅的层次,表面上热热闹闹,但实际上问题性、研究性不突出。毕竟课堂教学仍是学校教学的主要途径和依托。因此,笔者认为,开展研究性教学,提倡教师在课堂上采用分析讨论的形式解决问题,是课堂教学方法改革的重要方面。

二、课堂分析讨论的方法

在课堂分析讨论中,需要精心组织,也需要注重方法的选择。在教学实践中,尽可能选择答案不唯一或具有争议性的问题,以异同辩论或一题多解的方法进行研究性教学。

(一)异同辩论法

有些问题,不同的学者观点可能不一致,有时甚至相对立。教师设置这些有争议的问题,让学生相互辩论或驳难,判断优劣或正误,在辩论中阐明自己的观点,以事实或理论进行论证，且还要明察秋毫，指出别人观点的谬误，以有力的论证进行反驳。不同观点的异同辩论法既可以加深学生对问题的理解，也可以培养学生分析论证的能力，学会辩证地看问题，懂得尊重别人的观点。

在学习《现代汉语》"修辞"一章的过程中，笔者给学生提供了以下材料，并提出问题让学生进行思考，然后在课堂上讨论：

> 李商隐诗《初食笋呈座中》："嫩箨香苞初出林，於陵论价重如金。皇都陆海应无数，忍剪凌云一寸心？"清冯浩注："《汉书志》：'秦地有鄠杜竹林，南山檀柘，号称陆海，为九州膏腴。'又《东方朔传》：'此所谓天下陆海之地。'"何焯注："陆海，言陆地海中所产之物也。"刘学锴、余恕诚补注："皇都陆海连文，明指长安附近物产丰饶之地（陆海谓陆上膏腴之地，如海之无所不出）。或云'陆海'犹山珍海味之意，亦通。"①

问题："陆海"一词出现了两种不同的理解（一种认为是地域，即"物产丰饶之地"，一种认为是物产，即"陆地海中所产之物"），在诗歌中，哪种理解更合理？为什么？

经过讨论，学生认为，"陆海"一词的两种释义虽有相同之处，但作"陆地海中所产之物"之"物产"义解释更合理，诗义更贯通。问题的关键之一是要弄清"皇都陆海应无数"一句中，"应无数"的主语是什么，即什么"应无数"。"皇都"只有一个，"陆海"作地域理解也只能作为一个整体，因此，不应是"无数"的，"应无数"的应该是物产，即"陆地海中所产之物"。问题的关键之二是"陆海"为什么可以作为"物产"

---

① 刘学锴，余恕诚.李商隐诗歌集解[M].增订重排本.北京：中华书局，2004.

理解。这其实是修辞中的借代辞格，也就是用地名代指其上所产之物，如"菜园子""茅台"。这样的问题设计和课堂讨论，较好地活跃了课堂气氛，深化了对学习内容的理解，也教会了学生如何去辨析、解释问题。

（二）一题多解法

语言学中也有许多这样的问题，从不同的角度观察或依据不同的标准、理论可以得出不止一种结论。教师设置这样的问题，让学生发散思维，尽可能提出不同的观点，努力做到一题多解并进行充分论证。这样既可以打破学生答案唯一的定式思维，学会多角度看问题，也有利于激发学生的创新意识。

《现代汉语》① 教材"短语"一节课后思考与练习第四题是"指出下面句子中定语的短语结构类和功能类"，其中有一个句子是："私心，是走向深渊的大祸根。"对于该句中"大祸根"的定语"走向深渊"的结构类，讨论分析的结论有两种，一种认为是动宾结构，"走向"是动语，"深渊"是宾语，一种认为是中补结构，"走"是中心语，"向深渊"是补语。经过引导，学生在教材上发现了更多类似的结构，教材上的分析如下：

黄河发源〈于青海〉。

生〈于 1936 年〉

来〈自遥远的边疆〉

这事就出〈在 1949 年〉。

人们都知道自己生〈在何处〉，却不知道死〈在何方〉。

---

① 黄伯荣，廖序东．现代汉语[M]．增订六版．北京：高等教育出版社，2017.

　　两个小伙子走〈向〉海边。

　　远处传〈来〉了脚步声。

　　树林里跳〈出〉一只大老虎〈来〉。

　　长江三峡留〈下〉过许多人的梦。

　　从树林里跳〈出〉一只吊睛白额老虎〈来〉。

　　我按要求在晚上用车子把行李给他送〈到〉车站。

　　他跳〈上〉车子,一阵风似的扑〈来〉。

　　这些例证中,上面一组教材清晰地标示为中补结构,下面一组因为采用的不是层次分析法,难以判定是"中补"结构带宾语的动宾结构还是动词带"介词结构"的中补结构。

　　在这些例证的基础上,课堂上展开了热烈的讨论,认为"走向深渊"是中补结构的,因为有教材上相似结构的旁证,更坚定了自己的想法,但认为"走向深渊"是动宾结构的,则对教材的分析提出质疑,认为"走向深渊"的语音节奏是"走向／深渊","黄河发源于青海"的语音节奏是"黄河／发源于／青海",介词"向""于"和前面的动词是一个整体,层次切分时不应切到后面。为什么一种结构有两种分析和理解呢?经过层层分析,这实质上涉及了两个关键问题。一是语音节奏和语义关系的同一性问题,两者一致时,分析的结果是相同的,但两者不一致时,或依据语音节奏,或依据语义关系,分析的结果就不同。二是汉语句法分析中词法和句法结构的一致性问题。从词法的角度看,"走向"是一个词,"向"可认为是词缀或类词缀,"向"还可以附着在其他动词后组合成更多的词,如"跑向""爬向""冲向""扔向""抛向",这时"走向深渊"是动宾结构。如果从句法的角度看,认为"向"是一个介词,那么"向深渊"就是介词短语,这时"走向深渊"就是中补结构。

通过"走向深渊"这样一题多解的课堂讨论,学生明白了句法分析其实很复杂,涉及语音、语法、语义多个层面,其中语法分析还涉及汉语特有的词法和句法结构一致性的问题。课堂讨论既深化了对知识的理解,也训练了学生多角度、辩证地看问题,突破是或非的简单的二元对立的思维模式。

三、课堂分析讨论的原则

成功组织一堂讨论课是不容易的,教师和学生课下都要做大量艰苦而细致的工作。为了保证课堂讨论不流于形式或陷入无意义的争论,取得预期的教学效果,需要注意以下几个原则。

(一)成效原则

在当前的教育教学背景下,课堂讨论课可谓是掌上明珠、叶上露珠,需要精心呵护,否则就会香消玉殒。因此,开展课堂讨论,一定要坚持成效原则,不组织不开展则已,如果组织开展,则必须保证取得实际成效。在教学中,一方面教师要精心选择讨论的问题,同教研室的教师要提前研讨,估计会出现的问题及解决方法;另一方面教师要要求学生根据讨论的问题,人人参与,课下提前做扎实的准备工作,撰写好讨论的书面材料。当然,讨论课的课堂组织管理工作也很重要,要设计好,提前告知学生,如分组、确定发言人。根据笔者和有关教师的经验,如果课堂讨论课确实开展得卓有成效,哪怕一学期仅两三次,学生也是非常欢迎的,最怕的是应付或形式化,弄得学生兴味索然,以后也不愿意参与了。

汉语词类问题是一个很复杂的问题。由于受所学英语语法的影响,学生容易照搬英语词类知识来分析和理解汉语词类,如"王老师晚饭后经常散步"一句,对于"散步"的词类,学生都能判断出是"动词",没有异议。但对于"散步有益于身体健康""王老师喜欢散步"两句中的"散步"词类，学生理解起来就有困难，不少学生认为是名词，也有学生认为是动词，也有学生存疑。这两句中"散步"究竟是什么词类？汉语中类似"散步"的词有很多，如"幸福"一词可以有不同的句法组合，如"王老师退休后生活很幸福""王老师退休后过着幸福的生活""王老师执着地追求幸福""王老师幸福地生活着""幸福是每个人的追求"。这些句子中的"幸福"又是什么词类？《现代汉语》[①]教材上指出：

还有一种特殊的定中短语，属于名词性短语。例如：

（中国）的崛起　　（名·动）

（文艺）演出　　（名·动）

（他们）的估计　　（代·动）

（动人）的笑　　（形·动）

（灯火）的辉煌　　（名·形）

（别人）的精明　　（代·形）

（分析）的精确　　（动·形）

以上七个名词性短语中，中心语有的是动词，有的是形容词。但也有学生不理解，认为这些短语中的中心语都应该是名词。以上这些问题，本质上涉及两个问题：一是词类和句法成分的关系问题，是"依句辨品"，即根据句法成分来判定词的词类，还是承认汉语中一个词类可以充当多种成分；二是英语和汉语语法异同的问题，如上述"幸福"一词，在不同的句子中，英语"幸福"就有不同的词形，如形容词 happy、名词 happiness、副词 happily，而在汉语中，"幸福"的词形和读音都是一样的。围绕这些问题，教师可以提前布置，让学生

---

① 黄伯荣，廖序东.现代汉语[M].增订六版.北京：高等教育出版社，2017.

准备,查阅相关资料,提出自己的观点,在课堂上分析、讨论。这样有明确集中的论题并做了充分准备的讨论,是比较容易取得实际成效的。

(二)适度原则

适度原则的内涵有两重。一是数量要适当,一门课程其课程性质和在课程体系中的地位是不一样的,课堂分析讨论的次数要依据课程的性质和地位确定,现代汉语、古代汉语、语言学概论等基础课程安排的次数可少一些,其他的专业主干课程或方向课程次数可略微多一些。二是难度要适中,课堂讨论的问题要考虑学生现有的专业基础,使之经过一定的努力就可驾驭,范围尽可能小一些,问题尽可能集中一些,要让学生有话说。设置的问题和讨论的要求不可过于繁难、过度拔高,否则不但达不到效果,甚至适得其反,挫伤学生的积极性和参与的热情。在讲述中国语言学史时,笔者曾经给学生出了下面这道题,让学生在课堂上讨论:

> 王念孙认为,"训诂之旨,本乎声音"(《广雅疏证·自序》),这也成为清代训诂学的重要原则。结合下面材料,谈谈你对这一原则的理解。

> 赈,富也。【郭注】:谓隐赈富有。【郝疏】:富者,《说文》云:"备也,一日厚也。"……赈者,《说文》云:"富也。"郭云:"隐赈富有。""隐"与"殷"同。"殷"训众盛,故《文选·西京赋》云:"乡邑殷赈。"薛综注:"殷赈,谓富饶也。"《蜀都赋》云:"邑居隐赈。"刘逵注:"隐,盛也;赈,富也。"《羽猎赋》云:"殷殷轸轸。"李善注:"殷轸,盛貌也。"是"殷轸"即"隐赈",音转字变。又为"殷赌"。《玉篇》云:"殷赌,富有也。"是皆叠韵之字,其义即存乎声也。(《尔雅义疏》上之二)

　　从教师的角度,笔者认为这道题不难,学生做些准备,课堂上是可以充分展开讨论的,也是有话可说的,但事实上不少同学可能由于在学习古代汉语时该方面的知识没有很好理解,相关知识的储备也不够,因此,在课堂上讨论只能是围绕问题就事论事,做有限的讨论,难以充分展开。

‖ 第二节　查阅文献资料

　　有些问题,前人已进行过思考和研究,发表了相关研究成果,就可以查阅相关的研究文献,在此基础上继续展开思考和研究。这样既可以对问题的研究价值进行判定,还可以避免不必要的重复,站在前人的肩膀上快速前进。因此,在研究性教学时,教师就需要指导学生学会查阅文献资料,以分析解决问题。

一、查阅文献资料的意义

(一)树立正确的文献意识

　　客观地说,现在学生的科学文献意识相对较弱,论述问题时或凭一己之判断,不知查阅文献,或查阅文献时利用搜索引擎在网上搜索,而不管其准确性和科学性,另外,借鉴或引用了别人的成果也不注明出处,甚至改动一些文字变为己有。当前学术造假、学术剽窃等学术不端现象时有发生,这固然与学术上的急功近利和学术腐败有关,但与本科时没有养成很好的文献意识、文献意识淡漠恐怕也不无关系。让学生在查阅文献资料的过程中认识问题、分析与解决问题,不但有助于让学生懂得尊重别人的劳动成果和知识产权,对于学生树立正确的科学文献意识,养成严谨的科研作风,克服学术不端行为也是很有意义的。

（二）培养利用文献的能力

科学文献浩如烟海，快捷而有效的获取与利用，是学术研究的基本要求，也是研究者的基本素养。但是，面对海量的文献不能有效筛选、甄别，是本科生的常见情况。例如，在撰写毕业论文时，不少学生选择的参考文献出自非专业性期刊，不少文章学术水平不高，有的篇幅也很短。另外，不会撰写文献综述，撰写文献综述时一一罗列的现象很普遍，甚至做毕业论文时教师指导学生撰写文献综述竟成了一个难题。让学生在查阅文献资料中解决问题，有助于学生学会查找筛选出有价值的文献资料，学会在纷繁的现象中理出头绪，学会进一步提炼概括出要点，从而真正获得利用科学文献的能力。

（三）找到解决问题的突破口

查阅文献资料最终还是为了解决问题。对问题有了一定的思考，再查阅一下文献资料，加深对问题的认识，或许也就找到了问题的答案。或者是前人的解释仍存在问题，则可以获得启示，在其基础上进一步思考，或许就找到了解决问题的新的突破口，从而取得有价值有意义的研究成果。

二、查阅文献资料的方法

对于语言学研究来说，查阅的文献资料可以分为两类，一类是历代流传下来的语言材料，一类是语言学的理论研究文献。

（一）查阅语言资料

从古到今，流传下来了大量各类文献资料，有历代流传下来的，也有考古发掘出来的；有文言文的，也有白话文的。这些都是语言研究的宝贵资料。语言研究，无论是历时研究还是共时研究，无论是新观点新理论的提出，还是批评或进一步论证，都需要查阅语言资料，尊重语言事实，用事实说话。这样得出的结论才符合语言发展的事实，才经得起推敲和检验。汉语词汇的生成与演化是一个长期的过程，要准确弄清一个词语的生成与演化路径、特点等，就需要查阅历代的语言资料。陈宝勤根据汉语词汇发展演化的特点，将汉语词汇分为远古（殷商以前）、上古（西周—西汉）、中古（东汉—中唐）、近古（晚唐—晚清）、现代（1911 年以后）五期，研究词汇的生成与演化时，即以汉语发展的这五个历史时段的代表性文献为语料 [①]。因此，得出的结论非常可靠，令人信服。如"蝴蝶"一词的语素化，陈宝勤查阅了历代文献，列举了大量例证，清晰地描述出了"蝴蝶"一词的语素化历程："蝴蝶"，也写作"胡蝶"，始见于上古文献《庄子》，中古以降，"蝴蝶"应用非常广泛，使用频率特别高，"蝴蝶"与"胡蝶"并用。中古以降，"蝴蝶"语素化为"蝶"（如《搜神记》卷十三："木蠹生虫，羽化为蝶"）。"蝴蝶"语素化为"蝶"后，与其他单语素构成双音节词语，如冬蝶、蛱蝶、早蝶、秋蝶、仙蝶、野蝶、芳蝶、水蝶、玉蝶、凤蝶、粉蝶、嫩蝶、新蝶、轻蝶、黄蝶、狂蝶、高蝶、皓蝶、寒蝶、翠蝶、白蝶、紫蝶、大蝶、飞蝶、舞蝶、戏蝶、连蝶、化蝶、匿蝶、数蝶、双蝶、两蝶、蝶翅、蝶影、蝶梦、蝶粉、蝶裙。[②]

　　语言资料的时代性与准确性是语言资料的生命之所在，因为只有在时代确定且准确可靠的语言资料基础上研究得出的结论才是科学的。在语言资料的鉴别与校释方面很多学者都付出了辛勤的劳动，如近代汉语语料方面，刘坚、蒋绍愚主编的《近代汉语语法资料汇编》（唐五代卷、宋代卷、元

① 陈宝勤.汉语词汇的生成与演化[M].北京：商务印书馆,2011.

② 陈宝勤.汉语词汇的生成与演化[M].北京：商务印书馆,2011.

明代卷）[①]，汇集了近代汉语各个时期有代表性的重要文献，细加校订，价值很高，是研究近代汉语语法、词汇等的重要语料。

（二）查阅理论文献

理论研究文献是前人研究成果的结晶，反映了问题解决的过程、研究方法的演进以及学术发展的趋势等。查阅理论文献，研读理论文献，让学生学会梳理学术发展的脉络，综述研究取得的成果及存在的问题，不仅有助于问题的解决、研究能力的提高，还可以让学生树立语言研究的历史意识，增加学术和科学素养。追踪式文献查阅法是一种非常有价值的治学和研究方法，颇受学界推崇，即在阅读一篇文献时，如单篇论文，看这篇论文参考或引用了哪些文献，再查阅这些被参考或引用的文献，这样一直追踪下去，就可以对研究的问题的来龙去脉及问题本身有深入的理解和把握。构式语法理论是一种在转换生成语法的基础上产生、发展起来的新的语法理论，近年来很受重视。构式语法把构式看作是语言的基本单位。根据戈登伯格的定义，构式是形式—意义的配对体，构式的特点是形式或意义的某些方面都不能从构式的构成成分或其他先前已有的构式完全预测。[②]对于构式语法，其进步在哪些方面，又有哪些不足，陆俭明《构式语法理论的

---

① 刘坚，蒋绍愚. 近代汉语语法资料汇编（唐五代卷）[M]. 北京：商务印书馆，1990.

刘坚，蒋绍愚. 近代汉语语法资料汇编（宋代卷）[M]. 北京：商务印书馆，1992.

刘坚，蒋绍愚. 近代汉语语法资料汇编（元明代卷）[M]. 北京：商务印书馆，1995.

② （美）戈登伯格. 构式——论元结构的构式语法研究[M]. 吴海波，译. 北京：北京大学出版社，2007.

价值与局限》^①做了深入系统的分析和论证。有一定基础的
学生在研读完这篇文章后，对于构式语法理论的价值和局
限应该说就有了全面而清晰的了解，如要继续深入研究构式
语法理论，就可以再追踪阅读这篇文章的参考文献。《构式
语法理论的价值与局限》一文一共参考引用了40篇（本）参
考文献，其中中文文献28篇（本），外文文献12篇（本）。这
些文献中直接关于构式语法理论的就有多篇（本），如陆俭
明《"句式语法"理论与汉语研究》（《中国语文》，2004年
第5期）、严辰松《构式语法论要》（《解放军外国语学院学
报》，2006年第4期），外文文献如Fillmore的 *The Mechanisms
of "Construction Grammar"*。学生如果能这样追踪式地进行
研读，一路走下来，相信不仅在治学方法方面得到训练，也能
在这样的过程中寻找到问题，享受到探究的快乐。

　　中国的语言学研究开展得很早，先秦时期语言学研究即
开始萌芽。两千多年来，语言学研究的成果极为丰富。有众
多学者在整理、汇集历代语言学研究成果方面做了大量卓有
成效的基础性工作。当代如高小方《中国语言文字学史料
学》，搜罗汇集了语音学、词汇学、语源学、方言学、注释学、语
法学、修辞学、文字学诸方面的史料，并列述了类书、历代笔
记等文献中的语言文字学史料^②，资料丰富，是研究者查阅语
言学研究理论文献的重要线索和参考。现时代语言学研究
更是繁荣，方法越来越科学，工具越来越先进，每年都有大量
的研究成果发表。这同样也是研究者参考学习的重要理论
文献。

---

① 陆俭明．构式语法理论的价值与局限[J]．南京师范大学文学院学报，
　2008（01）：142−151．

② 高小方．中国语言文字学史料学[M]．南京：南京大学出版社，2005．

语言学研究讲究事实和理论的结合。因此,在实践中,上述查阅语言资料和查阅理论文献解决问题的方法是结合在一起的,这里列举一例作为说明。

王勃《送杜少府之任蜀州》是唐人送别诗中的精品,广为传诵,但对首联"城阙辅三秦,风烟望五津"中"辅"的注释不太准确。"辅"的释义可分为两类:一是认为"辅"是"辅助"一类的意义,解释成"护持、拱卫、护辅、夹辅、护卫、环卫、扶佑"等意义;一是认为"辅"应该作"以……为辅"解(或认为是句式的倒装,是"三秦辅城阙")。这两种注释虽然是从不同的角度进行的,但基本意思是一样的。可是仔细分析一下会发现,这样的解释与事理、诗意均不谐洽。首先,诗中"望"字没有着落。第二,一马平川的三秦大地如何能护持、拱卫都城长安呢?第三,作者身在何处,雄浑壮阔的诗情缘何而生呢?因此,要正确地解释"辅"的意义,就需要查阅相关文献资料。

《四库全书》《文苑英华》卷二百六十六王勃《送杜少府之任蜀州》诗中,"蜀州"下有"集作川","城阙辅三"下有"集作俯西","同"下有"集作俱"。御定《全唐诗》卷五十六《送杜少府之任蜀州》诗中,"蜀州"下有"一作川","城阙辅三"下有"一作俯西","同"下有"一作俱"。《广韵》中,"辅":"扶雨切,上麌,奉。""俯":"方矩切,上麌,非。"可见,"辅"和"俯"是音近假借的异文。

从整个诗意来看,"城阙辅三秦,风烟望五津"对仗工整,"城阙"对"风烟","三秦"对"五津","辅"与"望"相对。"辅"与"望"相对,形成对文。训诂学理论认为对文往往是同义或反义的。据此可以推断,"辅"当与"望"义近,带有"看"的意义。进一步扩大查阅资料的范围,发现在唐诗中,类似于"城阙辅三秦"的表达,而字用"俯"的用例很常见。例如,张继《华清宫》:"朝元阁峻临秦岭,羯鼓楼高俯渭河。"裴度《溪居》:"门径俯清溪,茅檐古木齐。"朱景玄《四望亭》:"高亭群峰首,四面俯晴川。"郑绲《九日登高怀邵二》:"簪茱泛菊俯平阡,饮过三杯却惘然。"祖咏《观华岳》:"作镇当官道,雄都俯大川。"李世民《望终南山》:"重峦俯渭水,碧嶂插遥天。"皎然《题沈道士新亭》:"何处好攀跻,新亭俯旧溪。"崔颢《行经华阴》:"岧峣太华俯咸京,天外三峰削不成。"杜甫《陪诸公上白帝城宴越公堂之作(越公杨素所建)》:"此堂存古制,城上俯江郊。"柳宗元《巽公院五咏·芙蓉亭》:"新亭俯朱槛,嘉木开芙蓉。"这些诗句的结构与"城阙辅三秦"基本相同,"俯"处于高低相对的两物之间,在物言,是表示处于高处的事物俯临低处的事物,在人言,则是处于高处的人俯视低处的事物。

可是"俯"怎么带有"看"的意义呢?古代汉语中,"俯""仰"经常与"眺""视"等带有"看"的意义的词结合使用,如,《易·系辞上》:"仰以观于天文,俯以察于地理。"三国魏曹丕《短歌行》:"仰瞻帷幕,俯察几筵。"唐李冶《感兴》:"仰看明月翻含意,俯眄流波欲寄词。"宋苏轼《游惠山》诗之一:"俯窥松桂影,仰见鸿鹤翔。"《汉语大词典》所收的词中,由"俯""仰"与带有"看"的意义的词素构成的词有"俯眺、俯视、俯察、俯稽、俯瞰、俯窥、俯览、俯眴、仰望、仰瞻、仰观俯察"。这些词的基本意义都是从高处往下看,如:"俯眺:从高处往下远看。俯眴:从上往下看。"再查阅现代词汇语义学的理论文献,现代词汇语义学认为,"新的线性义场是新义位产生的温床","词或义位组合中单位A的语义流淌到单位B中去(至少是渗透),使单位 B 受义。"① 由于"俯""仰"经常与"察""视"等表示"看"的词(或词素)结合使用,因而"看"的意义逐渐渗透到"俯""仰"中,"俯""仰"就逐渐获得了"看"的意义。

经过这样的研究,"城阙辅三秦,风烟望五津"中"辅"的释义就比较清晰了,即"辅"当是"俯"的假借字,是"从高处往下看"的意思,应当作"俯视、俯临"解。相比较而言,这样的解释比已有的解释更符合诗意。②

三、查阅文献资料的原则

(一)具体性原则

古往今来,语言学的文献资料也可谓浩如烟海。对于本科生来讲,要想让他们在这样多的资料中爬梳剔抉,找到问题及问题的答案,是很不现实的。因此,在运用查阅文献资料解决问题的方法时,教师要遵循具体性原则:一是待研究的问题要具体,尽可能小一些;二是准备查阅的文献资料要具体,出处要明确。实际操作时,要求教师对问题事先进行一定的研究,做到心中有数,然后再指导学生去探索研究,切忌盲目,贪大求深,否则不但不会取得预期的教学效果,还会挫伤学生学习的积极性。

(二)真实性原则

在指导学生毕业论文时,很多教师都发现学生存在运用二手甚至三手材料的问题,而实际上并没有见到第一手资料。这种情况,在平时的研究性教学实践中更常见,不少学

---

① 张志毅,张庆云.词汇语义学[M].北京:商务印书馆,2001.

② 关于"辅"的释义,参见:丁俊苗."城阙辅三秦"之"辅"释义辨证[J].宁夏大学学报,2008(03):49—51.

生利用百度、谷歌等搜索引擎进行搜索,对收集到的资料不加鉴别。因此,为了培养训练学生实事求是的严谨科研作风,养成学术诚信的习惯,在运用查阅文献资料的方法解决问题时,要遵循真实性原则,不允许道听途说式地辗转参考引用,一定要查阅到原始的第一手资料,见到真人真面目。

‖ 第三节　社会实践调查

文献资料是研究的重要参考和证据,但仅仅依靠文献资料还是不够的。要对语言发展演变的规律以及现实生活中的语言现象做出解释,还需要充分运用社会实践调查的方法,特别是社会语言学,更要走到语言生活中,获得第一手资料,寻求解决问题的答案。另外,研究性教学的开放性、实践性、探索性等特质也要求切实开展一些实际社会调查,去探索未知的世界。

一、社会实践调查的意义

(一)培养吃苦耐劳精神

不少年龄稍大一些的教师都感觉到,现在的大学生在视野、知识面以及科技手段的运用方面都优于他们那个时代,但在吃苦耐劳方面显得不足。有些学习任务需要走出校园,付出一些汗水,学生完成的质量就下去了,如每年寒暑假的社会调查或专业社会实践,从学生交上来的调查报告或作业来看,没有深入调查或压根就没有进行实际调查的现象还是比较普遍的。语言生活的面很宽,语言学研究需要走到城市街头、农村地头甚至偏远山区实际调查,记录语言现象。因此,开展社会实践调查,对于培养大学生吃苦耐劳的精神是大有裨益的。

（二）树立原创性的意识

信息传播手段的现代化，使我们获取信息越来越便捷，但随之而来的，是对网络信息的依赖和对原创性的淡漠。原创性是科学研究的要义和精髓之一，但如果仅依赖二手的资料，而不做艰苦的调查获得第一手资料，想要取得原创性的成果那是难以想象的。语言学研究，同其他学科研究一样，也需要原创性的研究，而要取得原创性的研究成果，实地调查就是很好的实现途径。例如，《方言》杂志上发表的高质量文章，很多就是作者实地调查而取得的原创性成果。因此，在实地调查中，学生不仅可以树立原创性的意识，也可以收获原创的喜悦。

（三）掌握科学调查方法

语言学研究是科学研究，要获得有价值的资料、得出有价值的结论，就需要采取科学的调查方法。例如，现代汉语方言既是语言学的重要研究对象，也可用来和普通话相比较，对普通话的发展演变及其结构规律进行解释。现代汉语方言有一些书面资料，如文学作品和地方戏曲，但其主要存在于口语中。因此，就要对方言进行深入细致的田野调查，对方言的现状及其结构规律进行清晰的描写。进行方言调查，学生除要事先了解调查区域的行政区划、历史沿革、地理特征和人口分布等知识外，还要熟知国际音标，熟练使用录音设备，掌握正确的方言调查方法和调查程序。因此，开展社会实践调查，可以较好地让学生在过程中掌握科学的调查方法，获得研究的能力。

二、社会实践调查的方法

社会实践调查的方法很多，可以从不同的角度进行分类。具体到语言学中,最常用的主要有田野调查、问卷调查、实验调查等几种。

(一)田野调查

田野调查是人类学常用的研究方法,其实质就是到现场进行实地调查。语言学领域也经常运用田野调查的方法,如社会语言学、方言学的调查研究,就需要深入社区、农村收集语料。田野调查一般可以分为准备阶段、开始阶段和正式调查阶段。在准备阶段,要明确调查的目的、内容、对象等,熟悉调查的环境,研读相关的文献,并尽可能制订详细一点的调查方案。准备阶段结束后,就要到实地进行调查。但是,由于田野调查中不可控和变量的因素较多,事先制订的调查方案也不一定科学,因此,在正式进行田野调查前一般还有一个开始的模拟阶段。在开始这一阶段,可以选择一两个样本进行模拟性调查,依据调查实际情况对调查方案进行修正或优化。开始这一阶段很重要,这一阶段的工作做好了,才能保证后一阶段工作顺利进行并取得成效,否则很容易因为方案不科学或不符合实际而导致返工甚至调查失败。最后一阶段是正式调查阶段,依据修正或优化后的调查方案进行调查,但在实际调查工作中,往往还需要对调查方案进行不断的修正,这也是需要注意的。例如,随着城市化进程的加快,很多农民工进入城市工作和生活,有的还成了新市民。农民工的语言状况如何?农民工的言语社区特征如何?要搞清楚这些问题,就要深入到农民工工作、生活的场所甚至家庭中观察、访谈或发放问卷进行调查研究。这时运用的就是田野调查方法。

具体的田野调查方法有多种,如录音访谈法、参与观察法、快速匿名调查法、电话采访法①。调查目的不同、要求不同，调查对象也不同，也还有很多技术上的要求和注意的事项。田野调查的专业性很强，需要通过长期的实践才能真正掌握，熟练使用。

（二）问卷调查

问卷调查的方法也是语言学研究常用的调查方法。调查者将所要研究的问题分解成一个个小问题，然后制成调查问卷，让被调查者根据要求回答，最后回收问卷进行统计分析。问卷调查方法看似简单，但由于学生训练较少，加上语言学的调查专业性较强，所以要完成一次高质量的调查还是不容易的。在问卷调查中，要注意三个重要环节。首先要设计一份科学的调查问卷，这是调查成败的关键。为了做到这一点，教师要引导学生寻找并研读与调查问题相近的调查案例材料；设计好调查问卷后，还要进行模拟性的问卷和统计，以使调查问卷尽可能科学、符合实际。其次要依据抽样原则和样本分布精心选择被调查者，这是有效调查的保证。因为被调查者如果不了解调查的意图或不积极配合，即使抽样原则很科学、样本分布很合理，也难以保证调查结果的客观。因此，在实践中，调查研究的问题尽可能小一些，调查的范围尽可能集中一些，并努力做到调查者与被调查者直接面对面完成调查。例如，在开展大学生网络语言运用状况调查时，笔者就建议学生以自己所在高校为主，选择两三所高校进行调查，在调查时，深入学生宿舍与被调查者当面交流。问卷调查的最后阶段就是结果分析，需要注意两个方面：一是统计要客观，不要遇有统计结果与预期不一致时就篡改数据，不一致的地方往往更有其特定价值；二是要对结果进行认真

---

① 徐大明.语言变异与变化[M].上海：上海教育出版社,2006.

分析,不能停留在数据上,要透过数据深入分析其背后的成因,必要时甚至可以就某些问题再次进行专题调查。例如,为了解珠三角新生代农民工语言使用、态度及认同问题,张斌华选择了外来人口比率在全国排第一的代表性城市东莞作为调查样本,采用问卷调查为主、随机调查为辅的方法,在全市范围内进行农民工问卷调查工作;共回收问卷 2 158 份,其中有效问卷 1 731 份;在 1 731 份问卷中,提取年龄在 30 岁及以下(即新生代农民工)的所有样本,共 935 份,作为研究的样本;后期采用 SPSS18.0 软件对调查结果进行统计、分析,较为全面地调查了东莞新生代农民工语言使用情况,详细分析了东莞新生代农民工的语言态度,探究了影响其语言使用的社会因素及语言认同等问题,最后提出了新生代农民工的市民化过程任重道远、语言的再社会化过程对他们的市民化过程有着积极的意义等重要问题。[①]

(三)实验调查

上述田野调查和问卷调查主要是根据研究的内容,选择特定的调查对象进行调查研究,重在获取数据和资料以解决问题。如果把实验的基本方法和调查结合起来,把调查对象分为实验组和控制组(对照组),通过定量或定性研究,重在进行比较或观测动态的变化,这就是一种实验性的调查方法。不少现代汉语教材都谈到学习现代汉语知识可以提高语言运用的能力,但事实是不是这样呢? 如果真能提高语言运用能力,又主要表现在哪些方面呢? 如果要对这一问题进行回答,就需要运用实验调查的方法。在实践中,可选取与语言能力关系最为密切的语法知识进行实验研究,把尚未

---

① 张斌华.珠三角新生代农民工语言使用、态度及认同研究[J].语言文字应用,2016(03):30-38.

学习现代汉语教材中语法知识前的学生作为控制组,把学习过的学生作为实验组。实验调查在平行的两个班同时进行。学习语法前,根据教材上语法的知识点,编制20道题目让学生作答,并拟定一个题目,让学生在40～60分钟内写成一篇400字的短文。语法学习结束后,再次让学生答题、写短文。实验结束后,把实验组和控制组两组答题和作文情况进行对比和分析,就可判定语法知识学习与语言能力提高之间的关系。随着研究方法的科学化,实验调查的实证式研究方法在语言学中的运用也是越来越普遍,如心理语言学方面的语言习得研究、社会语言学方面的语言变异研究。

上面简述了在开展语言学研究性教学时常用的三种社会实践调查方法①。实际上很多时候这些方法是综合运用的,如在进行田野调查时,除了观察、访谈外,也可以同时发放问卷进行调查,在田野调查时也可使用实验调查的方法。

三、社会实践调查的原则

(一)实践原则

社会实践调查是深入实际获取第一手研究资料解决问题的重要途径,其生命可以说就是其实践性,离开了实践,调查也就丧失了其意义。科技发展了,新媒体时代信息传播和获取的手段都发生了革命性的变化。当代的大学生从网络获取信息的能力也很强。但是,要获取第一手资料,有所

---

① 本书只是从本科生研究性教学的角度介绍了三种常用的语言学社会实践调查方法。关于语言学更全面的研究方法,可以参考:桂诗春,宁春岩.语言学方法论[M].北京:外语教学与研究出版社,1997.另外,徐大明《语言变异与变化》详细介绍了田野调查、定量范式、实验语音学、文献研究、语料库研究、语言态度研究等几种语言变异研究方法,也值得参考。

发现,还需要回到广阔的语言生活中去。仅仅依靠网络获取信息终究还是隔了一层,尚不是真正的科学精神。更重要的是,要养成吃苦耐劳和团队合作的精神、获得真正的实践调查能力,也必须有具体活动的承载,这只有在真实活动中才能养成。因为在活动中,大家为了一个共同的目标团结协作、努力奋斗,这样养成的吃苦耐劳和团队合作的精神才能真正内化为一种科学素质,这样获得的能力才能成为生命的一部分。教学中,在开展一些社会实践调查时,学生或深入实际不够、依据个人体验或编造应付的现象时有出现,其实这也是跟没有很好地践行社会实践调查的实践原则有关。因此,实践原则应该是研究者进行社会调查研究的第一原则,在某种意义上,甚至应该成为一种人生信仰。

（二）科学原则

语言学的社会实践调查方法,是普遍的方法在具体学科中的运用,至少要遵循两方面的科学原则。一是语言学科学的基本原则,二是社会调查方法的基本原则。因此,在进行语言学社会实践调查时,一方面要引导学生认真研读与研究内容相关联的语言学学科知识及一般采用的社会调查方法,做到心中有数,对调查的重点和结果有基本的把握,这样才能很好地避免调查的盲目性,提高调查结果的准确性和科学性。另一方面要引导学生研读一些社会调查的文献,对社会调查的基本原则、程序、方法等有所了解,知其所以然,这样才能避免调查的机械模仿,提高调查的灵活性和针对性。另外,为了规避一些先入为主的认识和现有结论的干扰和误导,在科学原则中,还需要注意调查的客观真实性,调查时要准确记录调查结果,遇有与自己认识不一致或与现有结论相矛盾的,要认真分析个中原因,不要改动数据。

（三）成效原则

社会实践调查相对而言需要花费更多的时间和精力。因此，既然投入了，就要有所收获，力求取得一些成效，不能走走过场，半途而废，抑或草草了之。坚持成效原则主要应注意两个方面：一是调查结果，一是调查报告。语言学具有自然科学和社会科学的双重属性，所以其运用社会实践调查方法时，调查的结果往往具有一定的灵活性和不确定性，有的问题需要多次反复调查，才能获得基本的认识。因此，在实践中，不要期望一蹴而就，不要怕反复和返工，要始终坚持调查就要有所得的原则。调查报告是调查工作的梳理和总结，通过调查报告的撰写，不仅可以理清调查研究的思路，还有助于深化对问题的认识，其表述的准确性、格式的规范性、内容的科学性是科研能力和素养的重要体现。社会实践调查要注重调查报告的撰写。但在实践中，调查报告的撰写往往得不到应有的重视，或者认为问题调查清楚了，调查报告撰写也就很容易了，或者就是怕麻烦。研究性教学中，这种现象是要注意克服和避免的。

‖ 第四节　研究性教学成果的升华

研究性教学很重视研究成果的总结与交流，很多教师采用了各种各样的方法让学生展示自己研究性学习的成果，如PPT 汇报、展板、总结报告等形式[1]，收到了很好的教学效果。但是，也有很多成果总结仅停留在就事论事的层面，甚至仅是过程和事实的描述，存在提炼不够、进一步理论升华不足

---

[1] 研究性教学最后总结展示研究成果的方式方法很多，如 PPT 展示、课堂交流，很多研究都谈到了，本书不再赘述，而是把论述重点放在如何升华研究性教学成果、提升研究性教学质量上面。

的现象,其原因主要有两方面:一是对成果升华的意义和价值认识不足,没有进行进一步挖掘;二是想进一步提升研究的层次和价值,却找不到合适的方法,因此无力升华。

研究性教学成果的升华是笔者在教学实践中探索出来的进一步提升研究性教学质量的成果总结方法,其内涵主要是在已取得的研究成果的基础上,进一步扩大视野,由点及面,由浅入深,由具体到抽象,概括提炼,将研究成果上升为具有一定普遍意义的观点或理论,从而提升研究性教学成果的层次和学术含量。

一、研究性教学成果升华的意义

(一)进一步提高学生科学思维能力

研究性教学中学生不能很好地对研究成果进行理论升华,一个很重要的原因是学生平时科学思维的训练不够,具体问题具体对待可以,但要是扩大范围,进行横向的拓展和延伸,或进行纵向的挖掘和提炼,则显得能力不足。如在调查市区商业场所名称问题的时候,学生能详细进行记录,并进行分类描写(如纯汉字的、纯英语的、英汉夹杂的),但在分析为什么会出现这样复杂多样的名称时,不少学生都简单地归结为几点,如违反国家语言文字有关规范,存在崇洋心理等,没有从社会语言学的角度更深一步分析使用名称的心理和社会成因。[①] 对研究性教学的研究成果进一步进行理论升华,可以较好地对学生进行横向和纵向思维的科学训练,进一步提高其科学思维能力的水平和层次。

---

① 有鉴于此,在后来的调查中,就建议学生制作问卷和访谈,调查分析人们使用这些名称的心理和期待,并要求学生能研读社会语言学的一些著作,深度分析商业场所命名的社会原因。

（二）由研究性教学上升到科学研究

研究性教学虽尚不是真正意义上的科学研究，其目的也不是做研究，而是教学和学习，但大学的研究性教学毕竟是与专业学习紧密结合的，其科研性相比基础教育要大大增强，即使不是真正意义上的科学研究，至少也是准科学的研究了。因此，有必要进一步提升研究性教学的品格，努力使其上升到科学研究的层面。在实践中，不但要认真总结研究成果，以一定的形式展示，更要在已有研究的基础上拓宽视域，深入挖掘，争取在研究成果的理论深度和高度上有所深化和升华，进而由研究性教学走向真正的科学研究。

二、研究性教学成果升华的方法

研究性教学研究成果升华的方法很多。实践中，依据思维的一般规律和语言学研究的特点，本书总结提出了以下七种方法。

（一）由此事及彼事

事物之间是相互联系的，语言学的很多现象也是相互关联的。因此，在研究性教学过程中，可以围绕具体的问题展开联想甚至想象，由此及彼，横向扩大研究与思考的范围，在相关现象研究的基础上，总结概括，从而进一步升华研究成果，提升研究价值。

由此事及彼事可以是由一种语言到另一种语言、由普通话到方言（或相反）、由现代汉语到古代汉语等的比较研究，也可以是语言学学科的一个分支到另一个分支的贯通研究（如语法、语义和语音之间），甚至可以是由一个学科到另一个学科的跨学科研究（如语言学和辞书学、语言学和心理学、语言学和计算机科学）。这里举一个由语言学到辞书学研究的例子。

　　释义是辞书的核心，词义解释得准确、全面、系统是衡量一部辞书水平的重要标志，但实际情况往往难以达到这样的理想境界。如《现代汉语词典》(第5版)中"良"字头的释义，"良"字头的义项有4个，前两个义项如下：

　　　　① 形 好：优～｜～好｜善～｜～药｜消化不～② 善良的人：除暴安～。

　　据这一释义及例证类推，显然"暴"也应该有名词性的"残暴的人"这一义项。但查《现代汉语词典》，"暴"却没有这一义项，只有形容词性的"凶狠；残暴"义。查《汉语大词典》，"暴"字头的义项有："1. 凶恶残酷。……2. 指强暴凶恶的人或行为。《墨子·天志下》：'吾以贤者之必赏善罚暴也。'《汉书·刑法志》：'夫法令者，所以抑暴扶弱，欲其难犯而易避也。'""良"和"暴"的"善良的人""残暴的人"这一义项，今天虽然不作为词单独使用，是语素义，但在古汉语中是可以作为词独立运用的。"良"和"暴"都既可以表示性质，也可以表示具有这一性质的人。这符合汉语的认知规律，两者词义性质及其演变应该具有一致性。因此，"暴"的释义中也应该加上"残暴的人"的释义。这一问题不仅《现代汉语词典》中存在，《汉语大字典》的释义也有类似情况。《汉语大字典》中良[1]的第1个义项是："① 善良。……也指善良的人。如：除暴安良。《史记·吴王濞列传》：'诛罚良善，日以益甚。'"但"暴"的第2个义项只有"凶残；暴虐"的意思，却没有"也指凶残的人"这样的解释(其他13个义项也没有这一意思)。不仅"良"和"暴"既可以表示性质，也可以表示具有这一性质的人，从认知语言学的角度看，其他表示性质或状态的词，也可以用来指称拥有这一性质或状态的主体

（人或物），如"凶""恶""老""弱""病""残"，这一点在汉语中具有一定的普遍性。

从上述材料中，可以发现辞书编纂时涉及两个重要问题，一是词义演变的规律性问题，一是辞书释义的规律性问题。辞书在释义时应充分考虑并尊重词义演变的规律性问题，否则就可能出现上述不一致的情况。这样，在思考问题的时候，就须由此及彼，把语言学和辞书学的相关问题联系起来，从更高的层面进行认识。据此，就可提出语文辞书编纂的显性原则和隐性原则这一论点，认为辞书编纂时既要充分考虑辞书本身的结构规律和系统性，也要充分考虑词汇语义的演变规律和系统性，以使收词、释义科学合理，防止片面和缺失。^①遵循辞书本身的结构规律和系统性是显性原则，遵循词汇语义的演变规律和系统性是隐性原则。显性原则和隐性原则既各自独立，又密切联系，有时还会出现交叉和矛盾。隐性原则是深层次的，是决定性的，显性原则是浅层次的，对隐性原则有重要的提示作用。显性原则和隐性原则相得益彰，应成为辞书编纂的理论基础和实践规范。^②

（二）由个别到一般

个别和一般是一对紧密关联的范畴，一般寓于个别中，个别中体现一般。因此，在研究性教学中，可以在个案的基础上进一步抽象思维，由个别上升到一般，从中概括出具有普遍性的观点或结论，从而提升研究的价值。

---

① 词汇是语言的建筑材料，蕴含了一种语言的语音、语法、语义、语用、文化规律和特点。因此，辞书编纂时，除了遵循收词、释义方面的隐性原则外，其实还有更多的语言隐性规则需要遵循。

② 以上关于语文辞书编纂的显性原则和隐性原则问题，参见：杨冰郁，丁俊苗.语文辞书编纂的显性原则和隐性原则[J].中州学刊，2009（01）：243-245.

　　层次分析法是一种重要的句法分析方法。因为大部分短语或句子都可以二分为两个直接成分,所以又叫"二分法"。当然也有少数结构是多分的,如有些并列结构、连谓结构和双宾结构,如"北京、上海、天津、重庆""扛上锄头上山采药""给他一本书",就需要一次性多分,而不是二分:

```
北京、上海、天津、重庆
|并| | | | | |列|
'- - - - - - - - - - - - - -'
```

```
扛 上 锄 头 上 山 采 药
|  连  | | | |谓|
'- - - - - - - - - - - - -'
```

```
给 他  一 本 书
|动|宾| 宾  |
'- - - - - - - - - -'
```

　　但根据层次分析法的原则及操作方法,在实际练习中也会遇到一些问题,如一些比况短语:"好像火一样(灼热)""(天气燥热,)好像要下雨似的"。黄本《现代汉语》教材中讲到,"好像"是动词,"一样""似的"是比况助词,前一个例子如说成"好像火"或"火一样",分析起来都没有问题,"好像火"是动宾结构,"火一样"是比况短语,但"好像火一样"分析起来就很费思量,可以有三种分析:

```
①   好像 火 一样
    |动| | 宾 |
    '- - - - - - - - -'
         |比| |况|
```

```
②   好像 火 一样
    | 比 | |况|
    '- - - - - - - - -'
    |动|宾|
```

```
③   好像 火 一样
    |动| |宾| |  |
    '- - - - - - - - -'
         |比 况|
```

比较可以看出,"好像""一样"与"火"都可以结合。因此,上述三种分析方法似乎都可以,但如果深究的话,第①种、第②种在层次切分的时候,每一次只显示了一个结合,即"好像"与"火"或"火"与"一样",只有第③种同时显示了"好像"与"火"、"火"与"一样"。因此,相比较而言,第③种更合理,体现了"好像……一样"这种结构的特殊性。

"好像……一样"这种具有一定特殊性的结构可以命名为"嵌入式结构",是一种定型化的构式,由此就可以假设说汉语中存在一种"嵌入式结构"。但这是从具体实例当中抽象出来的结构,是否具有普遍性呢?因此,就需要进一步探索,由个别走向一般。

拓宽视野,广泛搜索发现,汉语中类似这种"嵌入式结构"的现象还有,如兼语结构、一些补语结构,具体例证如"请他来""(树林里)跳出一只吊睛白额大虎来"。"请他来"中,"他"既是"请"的宾语,又是"来"的主语,是兼语。在层次切分的时候,整个结构应该一次性切分。"(树林里)跳出一只吊睛白额大虎来"与"(树林里)跳出来一只吊睛白额大虎"不一样,后者是动补结构("跳出来")带宾语("一只吊睛白额大虎"),而前者则是"一只吊睛白额大虎"嵌入到"跳出……来"结构中。以上事实进一步佐证了汉语中存在一种"嵌入式结构"构想的合理性。前面分析的嵌入式结构是属于单句(含短语)层面的,但这种结构是否具有较大的普遍性呢?循着上述思路,进一步扩展,会发现词汇层面和复句层面也存在类似的结构,如有的学生认为有的离合词扩展后也属于这种结构,如"理发"扩展为"理了一次发",有的复句格式实质上也是一种嵌入式结构,如"只有……,才……""即使……,也……"。由此,就可以《论汉语中的嵌入式结构及其句法分析》为题,进行深度的探索和研究。

综上所述,由"好像火一样(灼热)""(天气燥热,)好像要下雨似的"这样一些具体的个案触发,可以扩大范围,寻找更多类似的个案。在此基础上,经过概括,可以提出带有一定普遍性的"嵌入式结构",然后再进一步扩大范围,去佐证这种认识的合理性,最后上升为具有一定普遍意义的观点或结论。这样一步一步,由个别到一般,就进一步提升了研究的层次。

(三)由低层到高层

在总结研究成果时,学生由于平时分析和概括思维的训练不够,对问题的认识往往比较浅显,思考或处于微观的层面,事无巨细,不能进一步上升到中观和宏观的层面;或思考停留在宏观的层面,大而化之,对问题的剖析没有深入到微观层面。对所研究的问题层层上升,层层概括,或沿着相反的路径层层分析,层析深入,这种由低层到高层不断追究的思维模式,是研究性教学升华研究成果的重要方法。

缩略语很常见(如:北京大学——北大、外资企业——外企)。在新词语中,缩略语所占的比重越来越大,逐渐成为一种趋势(如:环境保护——环保、钓鱼岛——钓岛、安全检查——安检)。为什么缩略语逐渐成为新词语产生的一种趋势,数量越来越多呢?动因是什么?其背后生成演变的机制又是什么呢?大量缩略语产生后,对于汉字字义的发展变化又有哪些影响呢?要解释清楚这些问题,就需要由现象到本质,层层剖析,逐步深入。

缩略语产生的动因除了交际时省时省力,追求经济的原因外,另一个深层次原因是源于语言的现实编码机制发生了变化。徐通锵认为语言是现实的编码体系,在社会生活比较简单的时期,汉语社团选择了类、象合一的单字编码方式,形成"一个字 = 一个义类 × 一个义象"的格局。这种编码方式的特点就是用一个音节表示某一特定的现象,在书面形式中就是造出一个个方块汉字。但随着社会的发展,需要指称的事物越来越多。这种单字格局的编码体系因为音节数量有限,造字任务和记忆负担过重,故类、象合一的单字编码方式逐渐让位于类、象分离,一字一类(或一象),用字组来实现编码的要求。因此,用双音字来实现"一个字 = 一个义类 × 一个义象"的结构就逐渐成为汉语编码方式的主流,单字编码格局也就退居次要的地位了。① 社会不断发展,新事物层出不穷,语言就需要不断地编码进行指称。此外,为了表达更复杂的语义,就必须加长语言能指符号。双音字编码体系虽然经济,但它的容量也有限度,尤其在表达复杂语义时。因此,汉语的编码规则也需要不断地调整、适应。新词语中虽仍以双音节为主,但三音节、四音节的词汇数量也逐渐增多,这就是语言适应和满足不断增长的交际需要,编码规则不断调整的结果。三音节、四音节词语的能指符号加长,这样就能更准确地表达更复杂的语义,信息量也更大。但是,单位长度的增加显然不利于表达的便捷和高效。因此,省时省力的经济原则就成了现实的语言编码规则的另一个动因,"任何一个组合体能压缩的则压缩,能省略的则省略,能简化的则简化"。缩略语的产生是语言自适应性的重要一步,意义重大。

缩略语生成演变的机制重要的有两步:一是词化,一是字化。缩略语刚产生的时候对源短语的依赖性较强,需要借

---

① 徐通锵.语言论——语义型语言的结构原理和研究方法[M].长春:东北师范大学出版社,1998.

助源短语理解,有时两者会并存一段时间。如果缩略语的使用频率较高,形式就会逐渐固定,理解时就可以不借助源短语,直接把能指和所指联系起来。这时缩略语事实上已经词化,变成了一个词。如"电视机""电视"是"电视接收机"的缩略语,已经词化,理解时已无须凭借其源短语,有的人甚至不知其源短语了。缩略语的词化,这是语言自适应性的第二步,也是更本质、更重要的一步。缩略语词化后,如果被选用的字与源短语中对应的词的语义关系联系密切,尤其是意义相同时,理解起来并不困难,有时甚至根本不需要凭借源短语,如"高校"。但像"北大"一类被选用的字与源短语中对应的词的语义上没有联系时,理解就困难一些,存在重新解释的问题,如"北大"是什么结构,"北"和"大"是什么意思。汉字"一个字・一个音节・一个概念"的特性在汉语中根深蒂固,这种格局对整个汉字体系具有强大的约束力量。字组中有的字没有意义,这是不符合汉字的特性的。因此,会通过重新分析和类推,给其中的字赋义,实现字化。如"北京大学",从源短语来看,第一层结构成分是"北京"和"大学",第二层是"北"和"大"分别修饰"京"和"学","北"和"大"两者不在一个层次,也没有结构关系。"北大"因为源短语"北京大学"的关系而加以重新分析,再加上众多结构关系相同的短语的诱发,"北大"也就具有了结构关系。经过重新分析和类推,"大学"的意义浓缩到"大"字上,"大"实现了字化,获得了"大学"的意思。以"大"为核心字,可以组成成员众多的字族,如"川大、师大、工大、电大"。①

　　基于以上论述,可以概括出汉语缩略语的词汇生成模式:

---

① 上述举例描述的字化过程是为了便于表述,其实字化过程应该看成一个整体,重新分析、类推、字化同时起作用,互为因果,有时难以分出程序上的先后。

表义丰富	经济原则	编码机制	单字格局	双字格局	表义丰富
→源词语	→缩略语	→词化	→字化 ⟹	词 ⟹	短语
单字格局	双字格局	重新分析、类推			

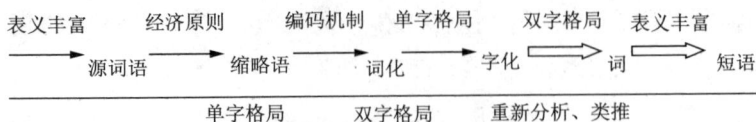

图 6-1　汉语缩略语词汇生成模式图

　　这一模式分上下两层,上层是表层,展示的是以缩略和字化为中轴的由源短语到生成新的短语的全过程及其原因和约束条件。这一过程整体上分为两段。单线条箭头指示的是第一阶段,是由源词语经过缩略语、词化到字化,由多到少,由外而内,程度逐渐加深,不断接近汉语的核心。双线箭头指示的是第二阶段,字化后获得新的意义。在此基础上,由少到多,构词,构成短语,短语中使用频率较高的成为源短语,然后开始新一轮的循环。底层是深层,展示的是表层运动的制约机制,即单字格局、双字格局、重新分析和类推。这个制约使表层运动在一定的范围内有效运转,而不脱离轨道。

　　缩略语形成时,选用什么样的代表字呢?就被选字与源词语中对应的词的语义关系来看,可以分为两大类:一类是被选字与对应词之间语义联系密切,具有较强的理据性;一类是被选字与对应词之间没有语义联系或语义联系非常间接,是符号性的代表,呈现出非理据性。前者如"高等学校——高校",单音节的"校"与"学校"是同义词,"高"与"高等"语义也基本一致;后者如"北京大学——北大","北"与"北京"、"大"与"大学"在缩略之初语义上的联系非常间接。缩略语大部分是双音节或多音节的。因此,在一个缩略语中同时存在理据性和非理据性两种情况,如"住宅电话——宅电","宅"和"住宅"是同义的,但是"电"和"电话"在缩略之初语义上没有联系。理据性一类对字义变化的影响不大,但非理据性一类通过字化而获得新义的方式已逸出字义演变隐喻和转喻的范畴。例如,《现代汉语词典》

（第5版）中，"企"字头只有一个义项："抬起脚跟站着，今为盼望的意思。"但该字头下收的词语有"企改、企管、企划、企业"。企业是现代经济的重要组成部分，以"企"为核心形成的词语非常多，如"外企、私企、国企、日企、韩企、药企、央企、企协、名企、企税"。很明显，"企"已经字化，获得了"企业"的意义，可以作为语素进一步构词。但是，《现代汉语词典》（第6版）中"企"字头没有立"企业"这一义项，造成字头释义不能涵盖所收词条的矛盾。可见，缩略、字化引起了字义的变化，缩略由此就成为字义演变的一种新途径，从而也使汉字永葆活力。

上面所举例子，在缩略语的具体事实基础上，由表及里，由低到高，一层层深入，揭示了缩略语的生成机制与缩略是字义演变的新途径两个问题，从而使研究具有一定的深度。[①]

（四）由共时到历时

语言的发展是一个长期的渐变过程，现代汉语的语音、词汇、语法等规律是可以从古代汉语中找到源头或发展线索的。甚至很多时候，要对现代汉语的结构规律或现象进行合理解释，还必须回到古代汉语中找寻答案。共时和历时是语言研究的两个视角，很多时候两者是交织在一起的。因此，在研究成果升华时，可以由共时研究进一步延伸到历时，从而对有关语言现象做出全面的解释，提高研究成果的说服力和理论高度。

在安徽省举行的一次师范生教学技能竞赛中，小学语文教学内容选定的是人教版五年级上册《鲸》这篇课文。课文

---

① 以上论述参见：丁俊苗. 基于缩略的词汇生成模式研究[J]. 殷都学刊，2009（01）：126-133；丁俊苗. 缩略——字义演变的新途径[J]. 安庆师范学院学报（社会科学版），2009（05）：19-23.

中有"肺""胎""腭"等生字。一位学生在说课时特别指出，这几个字都是"月"字旁，都与"身体的某一部位"有关，请大家注意。至于为什么这几个"月"字旁字的字义与"身体的某一部位"有关，该学生没有进一步给出正确解释。现行汉字是由古代汉字逐步发展演变而来的，在发展演变的过程中，有些汉字的偏旁、部首（或整个形体）发生了变化，或者经过整理简化，偏旁、部首与字义也就失去了联系，上述"肺""胎""腭"三个字的情况就是如此。针对这种情况，为了帮助学生深入理解偏旁、部首与字义的关系以及偏旁和部首的区别，笔者设计了一次研究性学习，让学生依据《现代汉语词典》分析"月"字旁字和其字义之间的关系。经过分析归纳，得出的结论可分为三种情况：绝大部分"月"字旁字的字义与"身体的某一部位"有关（如"肝""腿"），一部分字的字义与"月亮"有关（如"期""朔""望"），也有少数几个字说不清楚（如"服""朋""肽"）。另外，也发现形体相近的"冃"字旁字也有类似的三种情况：绝大部分"冃"字旁字的字义与"身体的某一部位"或"肉"有关（如"肾""肩""肴"），一个字的字义与"月亮"有关（如"萛"，"期"的异体字），也有少数几个字说不清楚，如"能""骰""冐""胥""胤""胄""育""肖"。

　　上面只是从共时的角度，运用归纳分析的方法，分析了"月"字旁字偏旁或部首和字义之间的关系，但是要对其进行解释，就必须由共时到历时，进一步进行研究。查阅《说文解字》发现：与"身体的某一部位"或"肉"有关的"月"字旁的字，在《说文解字》中属于"肉"部。部首"肉"，《说文解字》的解释是："⦗，胾肉，象形，凡肉之属皆从肉。"该部字如"肺"的解释是："⦗，金藏也。从肉市声。"与"月亮"有关的字,属于"月"部,部首"月",《说文解字》的解释是:"☽,阙也,大阴之精,象形。凡月之属皆从月。"该部字"朔"的解释是:"☽,月一日始苏也,从月屰声。"其他的字《说文解字》归部不一,如"服"在"舟"部,"朋"被认为是"凤"的古文。至于"冃"字旁的字,可以循此思路进行分析,不赘述。通过由共时到历时的进一步延伸研究,在知识方面的收获有:① 对汉字偏旁或部首与字义之间的复杂关系有了进一步的认识;② 对古代汉字到现行汉字的形体发展变化有了进一步的认识;③ 对偏旁和部首的含义及其区别和联系有了进一步的把握。同时,还提出了一些值得研究的问题,主要有:① 从汉字学史的角度,提出汉字部首演变的规律性和非规律性问题,如"月"字旁的字,与"身体的某一部位"或"肉"相关的字,与"月亮"相关的字,其部首演变呈现出很强的规律性,而"服""朋""肤"则规律性较弱;② 从辞书编纂的角度,提出文字学原则的部首和检字法原则的偏旁之间的关系问题,即现行辞书编纂要不要考虑文字学部首的原则。这有两种情况:一是以检字法偏旁为显性原则,以文字学部首为隐性原则,把两者统一到一起;二是完全以检字法偏旁为原则,不考虑文字学部首原则。显然,如果是前者,对学习者的帮助更大(如有的学生认为《现代汉语词典》中"阴"字放到"月"部更合适,但是词典中却放到了"阝"部,与之类似的还有"阳"字)。但要改变目前辞书的编纂体例(如在同一偏旁下,把与一类意义相关的字放在一起),编纂的难度也会加大。如是后者,虽然编纂查阅方便一些,但汉字字形和字义之间有密切联系的特点没有得到彰显,不利于教学和学习(就可能出现上述学生从直觉上觉得"肺""胎""腭"一类字的"月"字旁字与"身体的某一部位"有关,但又不知其原因,"琢""理"等"玉"部字有人认为是"王"字旁也是类似情况)。三是对有些问题提出质疑,辞书编纂方面,如认为《现代汉语词典》把"觳"字归在了"冃"部,但"淆"和"崤"分别归到了"氵"和"山"部。如果都按照一级偏旁归类,那"觳"字应归在"殳"部才对。因而,有学生提出《现代汉语词典》给字偏旁归类的原则是什么的疑问(有的学生提出,可以按照一级、二级这样的顺序归类)。《说文解字》方面,如"朔",《说文解字》归在了"月"部,解释是:"月一日始苏也,从月屰声。"但是"望",《说文解字》却归在了"亡"部,解释是:"出亡在外,望其还也。从亡,望省声。""朔"是"阴历的每月初一","望"有一个义项是"阴历的每月十五(或十六)"。"朔"和"望"是一对密切联系的概念,按照词义引申由具体到抽象的规律,"阴历的每月十五(或十六)"应该是"望"的本义才对。关于"朢",《说文解字》的解释是:"月满也,与日相望,似朝君。从月,从臣,从壬,壬,朝廷也。"因此,学生认为"望"《说文解字》应该归到"月"部更合适一些。再查相关词典,王力、岑麒祥、林涛等编的《古汉语常用字字典》(第4版)中[①] "望"的第①个义项及解释是:"远望。《左传·庄公十年》:'吾视其辙乱,望其旗靡。'"第⑥个义项及解释是:"指月光满盈时,即农历小月十五日,大月十六日。枚乘《七发》:'将以八月之望,与诸侯远方交游兄弟,并往观涛乎广陵之曲江。'"《汉语大词典》中"望"第25个义项及解释是:"用以指旧历每月十五日。《书·召诰》:'惟二月既望。'孔传:'周公摄政七年二月十五日,日月相望,因记之。'汉枚乘《七发》:'将以八月之望,与诸侯远方交游兄弟,并

---

① 王力,岑麒祥,林涛,等.古汉语常用字字典[M].第4版.北京:商务印书馆,2005.

往观涛乎广陵之曲江。'"两者比较,一方面可见《古汉语常用字字典》的例证靠后了,另一方面也在一定程度上证明了"望"的本义是"月满"的可能性。

以上运用具体的实例说明了由共时到历时进一步升华研究性教学成果的方法。这种方法,不仅有助于学生对相关知识的融会贯通,更有助于把问题引向深入,从而提高研究的价值。当然,由共时到历时的研究性教学升华远不止上述内容,语言的发展演变是一个长期的、漫长的过程。事实上,只要是涉及语言发展史的都可以按此方法进行升华,如语音史、词汇史、语法史研究以及语法化、词汇化研究。

(五)由个别语言到语言类型学

"当今仍然在使用的人类语言大约有 6 000 种,但是它们的结构类型是有限的。"另外,同一种语言还有不同的方言。因此,研究语言时,可以"根据经验事实,利用归纳法,进行跨语言的比较研究"[①] 或进行跨方言的比较研究,从语言类型学的角度观察、发现语言的规律。

石毓智指出,人类语言完成体标记最常见的来源有两个:一是来自完成义的动词,二是来自领有动词。属于第一种类型的语言有 Kammu、Sango 等,属于第二种类型的语言有英语、法语、瑞典语、意大利语、葡萄牙语、西班牙语等。而汉语内部的情况相当复杂,普通话完成体肯定式和否定式的表达是不对称的,其肯定式标记"了"来自中古的普通完成义动词,属于第一种类型,而与其相应的否定式标记"没"来自近代汉语中领有动词的否定一方,属于第二种类型。但是,很多汉语方言的完成体表达却是肯定否定对称的,其肯定和否定标记都是来自领有动词的正反两面,属于这类方言

---

① 石毓智.汉语研究的类型学视野[M].南昌:江西教育出版社,2004.

的有客家话、闽方言、粤方言等。普通话的完成体肯定式为
"V＋了",否定式为"没＋V",两者不对称。不对称有三层含
义。一是来源不同,"了"来自完成义的动词,"没"则是从领
有动词的否定一方发展而来的。二是出现的句法位置不同,
"了"在动词之后,"没"在动词之前。三是产生的时间不同,
体标记"了"大约产生于 10 世纪左右,否定动词的"没"大
约产生于 15 世纪左右。在现代汉语中,"没"和"了"两者不
能共现,而英语完成体的肯定式和否定式则是对称的,其肯
定式为助动词 have＋动词过去分词 V-ed,其相应的否定式是
助动词 have＋否定标记 not。跟英语情况类似,很多方言也
是用领有动词的正反两面分别表达完成体标记的肯定式和
否定式的。例如:

a. 我有收着汝个批。(我收到了你的信。)——闽方言
海丰话

b. 我无收着汝个批。(我没有收到你的信。)——闽方
言海丰话

a. 买有三斤。(买了三斤。)——客家方言

b. 买 [mo] 东西。(没买东西。)——客家方言

普通话完成体标记为什么出现不对称现象呢?肯定式
和否定式为什么与世界上其他语言不一样,分属不同的类
型,而在有些方言中完成体肯定式、否定式又是对称的,与世
界上其他语言的完成体标记具有高度的一致性呢?要对此
给出解释,就需要跳出一种语言(方言),从语言类型学的角
度进行思考和分析。

石毓智认为,什么样的词语向什么样的语法标记发展,
并不是随意的,其间存在着内在的联系。领有动词之所以发

展为完成体,是因为其具有向完成体发展的语义相宜性。石毓智根据 Langacher 的研究,指出领有动词典型用法的语义结构与完成体标记的是对应关系:

领有动词:过去某一时刻拥有某种东西 + 具有现时的实用性
↓ ↓
完成体:过去某一时刻发生的动作 + 具有现时的相关性

　　存在于领有动词和完成体之间的这种语义结构的对应关系是导致它们之间演化的认知基础。既然领有动词向完成体标记发展具有这样的认知基础,其他语言和汉语方言中领有动词也有向完成体标记发展的,那为什么普通话中还出现肯定式和否定式不对称的现象呢?石毓智研究认为,体标记"了"在 10 世纪之前是一个普通动词,义为"完成",其语法化的环境位于谓语中心动词之后,表示动作行为的完成,如"填色未了"(《入唐求法巡礼行记》),到 10 世纪左右,句末"了"开始虚化为一个完成体标记。完成体"了"刚出现的时候,其相应的否定式是在动词之前加"未""不曾"等。现代汉语"没"的完成体否定用法比"了"晚出大约 500 年,由普通动词"没"(义为"沉没")发展而来,到了唐代发展成了领有动词的否定式,如"深山穷谷没人来"(李商隐诗)。在 13 到 15 世纪之间,"没"发展出了一个重要用法,可以作为领有动词"有"的否定标记,如"如今为没有卖的"(《老乞大》)。15 世纪以后,"没"开始否定普通的谓语动词,逐渐成了完成体"了"的专职否定形式。现代汉语完成体肯定式和否定式之所以不对称,其原因如下:在"没"向谓语动词否定标记发展的条件成熟时,"了"已经在汉语中存在四五百年了,所以它们就共存下来了。但是,在一些方言中,当领有动词向谓语动词否定式发展的条件成熟时,因为尚没有一个像北方方言"了"那样稳定的完成体标记,结果就形成了该方言的完成体表达的对称性。当然,因为类推机制的原因,随着"没"向完成体标记的发展和广泛使用,"有"也渐渐获得了与完成体表达有关的各种各样的用法。[①] 石毓智指出:"语言的发展是有规律的,不同语言的语法发展往往表现出高度的一致性。这种规律性不仅可以帮助我们解释一些语法现象,还可以启发我们发现一些新的语法现象。"[②] 正是因为语言之间有共性,所以在研究性教学成果的升华时,就需要由个别语言走向语言类型学。

近些年来,对语言接触、语言类型学的研究越来越深入。随着语言研究的深入和视域的拓展,也越来越需要研究者具有语言类型学的视野。因此,由个别语言走向语言类型学研究也越来越重要,不仅对于学生的研究性教学如此,对于教师的学术研究亦是如此。

(六)由事实到理论

汉语语言学研究传统注重以事实说话,例不十法不立。语言学研究的朴学作风,养育、成就了一代又一代的学人。但是,与西方语言学界新理论、新观点层出不穷的态势相比,我们不善于提出新的理论或观点也是不争的事实。因此,在研究成果升华的阶段,无论是教师本人还是学生,都要往前再走一走,学习在事实的基础上综合运用归纳和演绎思维,努力完善或提出新的观点或理论。有时候,即使学生的想法不成熟,观点有偏差,理论很稚嫩,我们也要以最真挚的态

[①] 关于领有动词肯定式的完成体表达功能,石毓智进行了详细论述,本书不再赘述。

[②] 以上关于普通话领有动词完成体不对称的问题,参见:石毓智. 汉语研究的类型学视野[M]. 南昌:江西教育出版社,2004.

度,热情地予以鼓励,毕竟理论创新是艰难的,何况我们也太需要理论创新了。

　　在学完复句后,笔者给学生布置的作业中有这样一道题:运用层次分析法分析"阳光火一般地喷下来,我热得气都喘不过来。"这句话。原以为学生分析这句话应该没有什么问题,但交上来的作业中出现了这样的情况:第一层切分大部分学生都正确地切分到了"阳光火一般地喷下来"后,却有不少学生不能正确地注明两部分的关系,或按单句分析,注明句法结构关系,或不注明结构关系。出现这样的情况说明学生还没有很好地将层次分析法由单句分析迁移到复句中,进行统一的综合分析。笔者一直以为学生在单句部分学过了层次分析法后,在分析复句时自然就会举一反三地运用,现在看来有问题。

　　循着这样的思路,笔者把学生分为两组,让他们运用层次分析法分析这两句话:"这个故事说明,一个人只要真心付出,就一定能获得回报。"和"他还启示人们,不应该迷信书本上的道理,而应该重视客观事实,重视实验和实践;要有勇气怀疑并且敢于批评不符合实际却历来被认为神圣不可侵犯的权威学说。"这两个例子都是单句,不同的是前一句是单宾句,后一句是双宾句,相同的是"说明"和"人们"之后的部分都是复句作宾语。学生分析结果显示的主要问题依然是复句关系作单句分析或不注明关系,如前一句"一个人只要真心付出"和"就一定能获得回报"之间的关系分析就是这样。

　　综合分析上述问题和事实,得出以下认识:层次分析方法没有贯通单句和复句分析,应该予以贯通。如果研究性教学到此为止,虽有所认识和发现,但理论升华仍然不够。于是,笔者进一步思考:层次分析法只是一种句法分析方法,是用来揭示语言结构规律的;层次分析方法既然应该要贯通单句和复句分析,说明语言的结构规律中单句、复句不是完全独立的,有时候两者(或两者内部的结构关系)是可以组合运用的。既然这样,语言理论中就应该有相应的理论对这样的结构规律给出统一的说明和解释。语言的递归性是语言的本质结构规律之一,语言的递归性理论能不能对此做出满意的解释呢?于是,笔者研读语言递归性理论的文献,发现目前递归性理论主要存在三方面的问题:(1)认为递归性是一种"层层嵌套"的关系,内涵狭窄;(2)区分了线性递归和嵌入递归两种类型,但理解不一;(3)对递归性的运用进行了分析,但适用范围没有明确,因此仍不能很好地解释上述问题。递归性理论的内涵需要进一步予以完善。

经反复思考和概括,在已有递归性理论的基础上,笔者提出了"语言递归性的串合与套合关系"理论,在横向组合关系中引入"复合关系",在纵向套合关系中引入"分句嵌套"关系,并构拟了其运转机制,如图 6-2 所示。

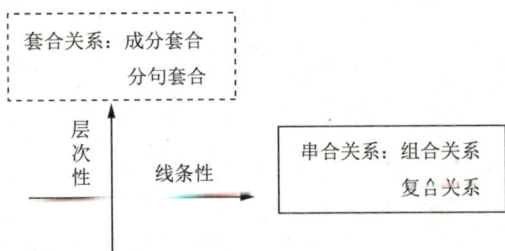

图 6-2　语言递归性的串合与套合关系

语言具有线条性和层次性两大基本属性,线条性决定了语言符号的组合具有一种横向的串合关系,层次性决定了语言符号的组合具有一种纵向的套合关系。串合关系和套合关系相互联接和联动,就是语言的本质属性之一——递归性。语言递归性的主要运转机制如图 6-3 所示。

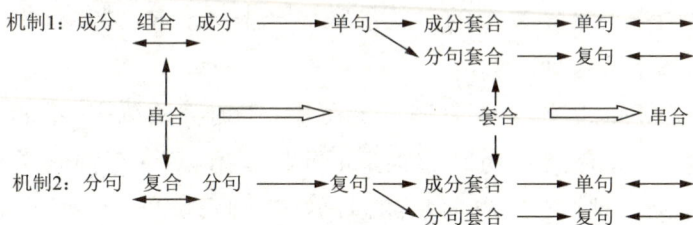

图 6-3 语言递归性的主要运转机制

这一运转机制的基本程序如下:先是横向的串合关系发生作用,形成组合(机制 1,生成单句)和复合(机制 2,生成复句)。如果结构只有一个层次,运转机制到此终止。如果不止一个层次,纵向的套合关系发生作用,通过成分套合和分句套合,生成更大的单句或复句。最后直接成分(分句)再次串合,通过组合关系生成单句(机制 1),通过复合关系生成复句(机制 2)。串合和套合不断循环重复,形成一个动态的生成机制。

递归性可以定义为:递归性是语言的本质属性之一,包括横向串合关系和纵向套合关系,串合和套合关系有机联接和联动,循环重复,形成递归性的运转机制,从而使语言具有生成性。语言递归性的串合和套合关系理论的提出,在纵向套合关系中引入了分句套合,在横向组合方面提出了上位的串合关系和与之平行的复合关系,从而使递归性理论贯通了单复句,解释力更强。①

关联词语是复句中联接分句、标明分句间关系的词语的统称,是复句的重要形式标志。关联词语在复句运用及复句

---

① 丁俊苗,雍淑凤,朱华平.论语言递归性的串合与套合关系[J].巢湖学院学报,2013(04):90-95.

研究中具有重要的意义。"复句系统的建构,实质上是通过'抓住标志'来实现的。"①但实际语言中,关联词语本身及其运用情况是非常复杂的。就关联词语本身来看,其复杂性表现在如下几方面。

关联词语没有十分明确的范围,在词类系统中,不属于固定的类,有的是句间连词,如"因为、所以";有的是关联副词,如"就、又";有的是助词,如表示假设语气的助词"的话"。此外,还有别的词类,如在"是 p,还是 q"格式中,"是"有时还是动词。在语法单位中,关联词语不属于固定的级,可以是词,也可是比词大的超词单位,如"如果说、若不是"。有的超词形式甚至是跨语法单位的非完整形式,如"不但不","不但不 p,反而 q",按层次关系,不是"不但不 /p,反而 q",而是"不但 / 不 p,反而 q"。在造句功用上,关联词语不具有划一性,有的纯粹标明复句关系,有的则在标明复句关系的同时兼作某个句子成分,如"无论 p,都 q"格式中,"无论"专门起标明关系的语法作用,"都"是副词,除了起关联作用,还兼作状语。②根据考察,事实上关联词语的情况比这还要复杂。从词类角度看,关联词语除了连词、副词、助词、动词外,其他词类的一些词也可以作关联词语,如数词中的序数词"首先、其次""第一、第二",在并列复句中,它们可以清晰地标明分句间的并列关系。从语法单位的角度看,除了词和超词外,还有一些构式,如"的话"和"如果""要是"配合,形成"如果……的话""要是……的话"构式,表示假设关系;还有"连……也(都)……"这一构式,和"况且"等配合,用于递进复句中。从造句功能的角度看,除了语法方面的作

---

① 邢福义.汉语复句研究[M].北京:商务印书馆,2001.

② 邢福义.汉语复句研究[M].北京:商务印书馆,2001.

用外,关联词语的不同运用情况,还有语义、语用方面的表达功能。

　　关于关联词语的功能,邢福义从静态和动态两个角度进行了分析。从静态的角度看,即从关系词语的运用结果看,关联词语总的作用是标明复句关系。从动态的角度看,即从关联词语的运用过程看,对于隐性的逻辑基础来说,关联词语的作用可以进一步细分为显示、选示、转化、强化四种。①邢福义从动态角度将关联词语的功能细化为四种,大大深化了关联词语的功能研究,但是不同词类、不同语法单位以及关联词语的不同运用情况,其显示、选示、转化、强化的功能是否相同呢?它们在联接分句、标明分句间关系方面是否有强弱之分呢?

　　就关联词语的运用情况来看,其复杂性表现在:关联词语有单用的(如"只有""无论"),有组配使用的(如"只有……才……""无论……都……"),有复用的(如"如果万一被夹住了,使用这套设施也能脱身而出。"中的"如果万一";"昭庙建成二百多年来,虽然经过破坏与改建,无数次地变换主人,但是接待清洁工人却是第一次。"中的"但是""却"),有改变使用顺序的(如"很少见到这样尖利明亮的眼睛,除非是在白洋淀上。"一句中"除非"置于后一分句)。

　　在分析关联词语本身及其运用情况的复杂性基础上,笔者进一步提炼,提出关联词语关联强度和关联强度的层级体系问题。所谓"关联强度",就是指关联词语在复句中联接分句,标明、显现分句间关系强弱的程度。如条件复句关联词语,就是其标明、显现条件关系的明确程度,越明确的,其关联强度就越强。根据研究,关联词语的关联强度可从语词强

---

① 邢福义.汉语复句研究[M].北京:商务印书馆,2001.

度、格式强度和语用强度三个方面具体进行分析。

1. 关联词语的语词强度

关联词语与词类、词长相关的关联强度问题，统称为语词强度，主要有词类强度和词长强度两方面。同是关联词语，其中连词一类，如"因为""如果"，语义较明确，标明逻辑语义关系具有独立性、明晰性和显性的特点，关联强度是最强的。相对连词类关联词语而言，关联副词标明关系的独立性、明晰性差，多是隐性的，其关联强度是最弱的，如"就""又""便"。当然，关联词语还有其他词类，可以把其中主体部分的连词和副词的关联强度视作强和弱的两级，其余的词类可比照置于两级之间。这样关联词语的词类关联强度等级是连词关联词语 > 其他关联词语 > 副词关联词语。关联词语有词、超词和构式三类，它们的音节长度是不一样的。从标记理论的角度看，越长的单位其标记性越明显，超词单位一般要比词的音节长度长，因此，其标记性要强于词。构式是在语言的长期发展中形成的，是一种跨段的定型单位，长度一般更长，其标记性又要强于超词单位。笔者认为，关联强度中词相对最弱，超词单位居中，构式关联强度最强，如因果复句中表因的关联词语"因、因为""正因为、正是因为""因为……的缘故"。

2. 关联词语的格式强度

关联词语有单用和配合使用两种情况。单用时关联强度的不同称为单用强度，配合使用时关联强度的不同称之为组配强度。同是单用关联词语，词类不同，位置不同，其关联强度也不同。关联词语配合使用，前后呼应，语义上进一步强化了分句间的逻辑语义关系，结构上形成了一种更大的构式。因此，相对于单用，关联词的配合使用使其关联强度大大增强，如"因为……，所以……""虽然……，却……"。语词强度不同的词类和不同词长的关联词语其关联强度是有等级之分的。如果把语词强度分为强弱两级的话，那么，关联词语的组配强度还可以继续细化，从理论上看，就有强强、强弱、弱强和弱弱四类组配。对照汉语的实际，弱强组配基本不存在，剩下的只有强强、强弱和弱弱组配三种。三种中弱弱组配较少，最多的是强强组配和强弱组配。相应地，三种组配格式的关联强度依次是强强组配 > 强弱组配 > 弱弱组配。

3. 关联词语的语用强度

复句是句子，是语言运用单位。因语用的需要，复句会出现一些变化。这主要有两种情况：一是复用关联词语，一是改变分句的语序，因而形成复用强度和顺序强度两种情况。关联词语复用有两种情况：一是复用基本表示同一关系或关系能兼容的关联词语，一是叠用同一个关联词语。比较而言，关联词语的复用情况相比非复用，其关联强度明显增强了。复句分句间的逻辑语义遵循人类认知的一般规律，分句顺序具有相对的固定性或倾向性，如条件句是条件分句在前，表示在这一条件下产生的结果分句在后，比照单句分析，可以称之为常式。但在实际表达中，因语用的需要，可以临时改变这种常式的顺序，形成变式。变式改变了人们正常的认知和接受心理，带有一定的变异性，这时关联词语的使用就是必需的。如果不使用关联词语，语义上往往不完整，因而变式复句关联词语的标记性增强，关联强度也相应增强了。

基于以上论述，整体上关联词语的关联强度等级由弱到强依次是语词强度、格式强度、语用强度。具体到每一种情况内部，关联强度层级体系如下：语词强度方面，在词类确定的前提下，词形越长其关联强度越强；格式强度方面，关联词语配合使用的关联强度高于关联词语的单用；语用强度方面，改变分句的顺序会产生新的语用功能和价值，其强度要高于关联词语的复用（见表6-1）。

表6-1　关联词语关联强度层级体系表

语词强度		格式强度		语用强度	
词类强度	词形强度	单用强度	组配强度	复用强度	顺序强度

　　关联词语关联强度的提出及层级体系的构拟，提出了新的命题，厘清了关联词语关联强度的层级体系，系统化了关联词语的研究，有助于复句系统研究的深入。①

（七）由描写到解释

　　描写和解释是语言学研究的两条基本路径。沿着描写充分这条路径，形成了描写语言学研究流派；沿着解释充分这条路径，形成了解释语言学研究流派。对于本科生的研究性教学而言，学生往往长于对语言现象的描写，而短于对现象原因的解释，很多研究处于现象的堆砌或描写状态，难以对语言现象给出解释。因此，在总结研究成果时，不能仅停留在"是什么"的状态，还需引导学生进一步思考，努力思索"为什么"，从描写走向解释，从描写充分走向解释充分，以提高研究的价值。

　　在助词教学的过程中，《现代汉语》教材上说："'了'用在动词、形容词后面，表示动作或性状的实现，即已经成为事实。"如"春天来了，花红了，草绿了。"一句，其中的"红

① 以上关于关联词语的关联强度及其层级体系的论述，参见：丁俊苗.论关联词语的关联强度与层级体系[J].现代语文（语言研究版），2016（07）：50-55.

了""绿了"就表示"红""绿"性状的实现，也就是以前"不红""不绿"，现在"变红""变绿"了。"红"和"绿"依然是形容词，本身没有变化，加了动态助词"了"后，就产生了新的语法意义"性状的实现"。进一步扩大范围，不仅像上述表示颜色的词加上"了"后可以表示"性状的实现"这种动态变化，很多其他语义范畴的形容词也可以，如"好久不见，高了（矮了、胖了、瘦了）。""经过这件事后，他聪明了（老实了）。"但是，也有学生对这一句中"红""绿"的词性提出疑问，认为此句中的"红"和"绿"不同于"春天来了，花红柳绿，莺歌燕舞。"中的"红"和"绿"；此句是表示颜色的动态变化，而后者是对颜色的静态描写，而且这两句翻译成英语也不一样。因此，前者应该是动词，后者是形容词，它们是兼类词。"红（绿）＋了"这一句法格式为什么给人动态变化（性状的实现）的感觉呢？"红"和"绿"到底是动词还是形容词呢？要回答这些问题，就需要从现象的观察和描写进一步走向解释。

陆俭明《现代汉语语法研究教程》中"关于'名词语＋了'句法格式"一节谈到，现代汉语口语中有名词性词语加上"了"的句法结构，可以概括为"名词语＋了"，如：

　　你们老夫老妻了，还闹什么别扭啊。

　　他呀，部长了，可还是那样平易近人。

　　哟，几年不见，你都大姑娘了。

　　你大学生了，还那么不讲文明！

　　"他哪一年入的党？""老党员了。具体哪一年入的党，我也记不清了。"

　　冬天了，得穿毛衣毛裤了。

　　"今天星期几了？""星期四了。"

但不是随便什么名词都能进入这一句法格式，如"桌子了""港币了"。那能进入"名词语＋了"这一句法格式的名词语的语义特征是什么呢？陆先生在逐类分析的基础上，概括指出，"名词语＋了"这种句式本身就表示"到什么程度或地步了"这样的语法意义，所以能进入这一句式的名词有两种情况。一种情况是名词本身具有明显的"顺序性或时间推移性"或者说"系列推移性"这样的语义特征，这样的名词可以较自由地进入"名词＋了"句式，如上面提到的"老夫老妻""大学生""部长""星期四"。另一种情况是名词本身并不具有"顺序性或时间推移性"，但它所表示的事物可以在某种特定条件下进入某个排序中，而一旦进入某个排序中，表示这种事物的名词就可以进入"名词语＋了"句式，如"南京""王小刚""松鼠鱼"。这样，总体来说，能进入"名词＋了"句式的名词所具有的语义特征，可以描写如下：

名词语：[＋系列推移]

假如我们把上面所讲的第一种情况的名词语记为"名词语 a"，把第二种情况的名词语记为"名词语 b"，那么我们也可以这样说，"名词语 a"所具有的"系列推移性"的语义特征是显现的，而"名词语 b"所具有的"系列推移性"的语义特征是隐性的。[①]

陆先生运用语义特征分析法分析了"名词语＋了"句法格式，对于我们认识和解释"红（绿）＋了"这一句法格式为何会产生"动态变化（性状实现）"的语法意义及"红"和"绿"的词性有很大的启发。经过分析比较，对"红"和"绿"是形容词基本没有疑义了，那么能进入"形＋了"这一句法格式的形容词应该具备什么样的语义特征呢？进一步分析讨论，得出的基本结论是："形＋了"可以表示两种语法意

---

① 以上关于"名词语＋了"句法格式的论述，参见：陆俭明 . 现代汉语语法研究教程[M]. 第三版 . 北京：北京大学出版社，2005.

义。一个是表示性状的实现，即以前不是这样的，现在变成这样的了。一般情况下，可以在形容词前再加上表示"变化"意义的动词，如"变""变成"，如前述"春天来了，花红了，草绿了。"一句中，可以在"红"和"绿"前面添加"变"。另一个是表示程度等级的提升，即以前的程度不太高，现在提升到了一定的等级，如"好久不见，洋气了。"表示这种语法意义时，可以在形容词前添加"更"一类意义的程度副词，或在形容词后添加"多"一类的程度补语，如"好久不见，更洋气了。"或"好久不见，洋气多了。"如果没有具体的语境，"形＋了"这一句法格式有可能就同时具有性状实现或等级提升两种句法意义，形成句法多义，相应地，也就预设了两种意义，如"好久不见，漂亮了。"预设的意义可以是"以前不漂亮，现在变漂亮了"，也可以是"以前也漂亮，现在变得更漂亮了"。在言语交流中，如果作第一种预设理解，往往还会引起不愉快。上面分析的情况和列举的例子可以归为程度等级提升一类，实际上也可以往程度等级下降的方向走，如"秋天到了，草黄了。""好久不见，土了。"无论是等级提升还是等级下降，可以合为一类，仿照陆先生的提法，可以称之为"程度推移"。这样，可以做出如下概括：能进入"形＋了"句法格式的形容词应具有"程度推移"这一语义特征，即"形容词：［＋程度推移］"。正是因为形容词的"程度推移"这一语义特征，"形容词＋了"这一句法格式才具有"性状实现"和"等级推移"两种动态变化的语法意义。

经过这一番分析后，研究就由语法形式的描写走向了语义特征角度的解释，把描写和解释很好地结合到了一起。而且不止如此，还可以在"名词语＋了"和"形容词＋了"这两种句法格式上进一步进行概括，得出"X＋了"这一句法格式。这个句法格式中"X"语义特征是"X：[＋推移]"，这种推移可以是系列的，也可以是程度的，当然也可以是动作的。"X＋了"这一句法格式表示的语法意义也可以进一步概括为"动态变化"。如果再仿照陆先生的思路，也可以说汉语中表达动态变化的有两种形式：一种是显性的，一种是隐性的。显性的是用表示动态变化的实词来表示，隐性的是用动态助词"了"来表示。

关于由描写到解释这种研究性教学的升华方法，下面再举一例。石毓智指出，关于形容词语法特征的描写，一般不外乎两点：一是可以加程度词修饰，二是可以加"不"否定。但这是根据不完全归纳法得出的，最常见的形容词也确实是这样的，如"好、大、干净"，不过也有很多例外，如"笔直、雪白"。另外，有的形容词的重叠式也不能再被程度副词修饰。形容词的能加程度副词修饰和可以加"不"否定，这两者究竟有什么样的内在联系和逻辑关系？根据考察，石毓智认为，形容词的各个语法特征之间是存在着内在的逻辑关系的，可以得出两条严格的规律：

一、凡是能自由用程度词修饰的形容词都能被"不"否定；这条规律是可逆的，凡是不能自由用程度词修饰的形容词都不能被"不"否定。

二、凡是不能用"很、十分、最"等修饰的形容词都不能重叠。

这两条规律的理据是什么呢？石毓智认为，"不"否定形容词时，也相当于一个程度词，为被否定的形容词的性质确定一个量级，实际含义为"不及"或者"不够"，如"这瓶碳素墨水不黑"是"黑的程度不高"。因此，存在上述第一条规律。形容词重叠式的作用也是强调性质的程度的，相当于为形容词确定一个量级,如"红红的、白白的"。因此,能够重叠的形容词必须是能够为程度词修饰的,所以存在上述第二条规律。石毓智指出:

> 语法研究的结果有两种类型:一是语法特征的描写,二是语法规律的探讨。说"形容词可以用'不'否定"这属于语法特征的描写,然而找出形容词被"不"否定的条件,则是语法规律的探讨。单纯依靠不完全归纳法有很大的局限性,一般只能做到对语法特征的描写。要找到语法规律必须用其他的逻辑方法,比如各种探求因果关系的方法,论证语言现象背后的认知或者现实理据。①

通过石毓智的研究和论述可以看出,语言(语法)研究,仅仅描写是不够的,还必须深入思考,揭示语法特征后面存在的规律,由描写走向解释。

以上简明地论述了七种升华研究性教学成果的方法。当然,方法还不止这些,如可以采用发散思维方法、求异思维方法、逆向思维方法。至于教师具体采用什么的方法,这不是最重要的。思考再思考,深入再深入,努力对研究的成果进一步进行升华,增加研究成果的学术含量和学术高度才是问题的本质和应该追求的目标。

---

① 石毓智.汉语研究的类型学视野[M].南昌:江西教育出版社,2004.

第七章

语言学课程研究性教学的延展

学术研究是一个长期的积累过程，寄希望于研究性教学的几次训练就获得成功是不现实的。因此，还需要在已有研究的基础上继续延伸、拓展，以进一步扩大、巩固研究性教学的范围和成效，真正培养出学生科学研究的能力。

‖ 第一节　研究性教学延展的意义和途径

一、研究性教学延展的意义

（一）有利于串联起各种教学活动

目前高校普遍存在这样两种现象：一是教学工作、科研工作和学生工作由不同的学校领导分管，二是第二课堂的科技文化活动分散在教务、学工和团委等各部门，导致学校各项教学活动之间往往缺乏整体设计，显得较为分散。这在很大程度上影响了教学效果和人才培养质量。在已有研究性教学的基础上，把研究延伸、拓展到科技文化活动、学科竞赛、科研项目、创新创业等第二课堂的活动中，这样既能以科研创新为主线，很好地把各种教学活动串联起来，又能发挥第二课堂的效用，充分发展学生的个性和特长，从而使第一课堂、第二课堂有机衔接，促进人才培养质量的提高。

（二）有利于获得真正的科研能力

科研能力的获得靠外在的说教和指导是根本无法奏效的。科研能力必须是在真实的研究过程中，通过苦闷挣扎、体验内化才能获得。为了一个问题，只有经过了"衣带渐宽终不悔，为伊消得人憔悴"的历练，方能获得"蓦然回首，那人却在灯火阑珊处"的会心一笑。因此，只有继续延伸、拓展已有的研究，才能在长期的艰苦研究中炼就明察秋毫的眼力、心细如发的心力、抽丝剥茧的脑力，从而养成强烈的科研意识，获得真正的科研能力。

（三）有利于取得切实的教学成果

研究性教学毕竟只是具有研究性质的教学，除受学生投入的时间、精力以及专业水平的限制外，还受到课程教学时间的限制。因此，实践中，学生的研究往往比较粗糙，成果的质量不高，方向感不强。在已有研究的基础上，引导学生依托学校的其他教学科研活动，以竞赛或项目等形式继续进行研究，这样既有了时间、精力和经费的保障，也对学生有了一定的约束和鞭策，学生往往能坚持到底，取得扎实的研究成果。

二、研究性教学延展的途径

研究性教学具有很强的综合性，与学校很多教学活动都有密切的联系。在实践中，结合教育教学、第二课堂科技文化活动和实习实训等，可以通过以下几种途径使研究性教学进一步延展。

（一）延伸为毕业论文

每年的毕业季，毕业论文对于学生和指导教师而言都是一个非常头疼的问题，教师指导起来特别费力而且学生完成论文的质量有时还不高。因此,好多教师都希望学校取消毕业论文或对本科生是否有必要做毕业论文提出质疑。学生论文质量不高,原因很多,其中一个重要的原因是学生平时缺乏科研的基本训练,对科研的一些基本要求、程序、方法以及学术论文的格式规范等不熟悉,到大四时在短时间内去完成毕业论文,规范性不够、质量不高也就在所难免。

因此,在平时的研究性教学中,不仅要注重研究性教学成果的总结,要求学生按学术论文的格式规范总结研究成果,撰写成小论文,更要注重在研究性教学的基础上指导学生进一步扩大范围,结合经济社会发展的实际确定选题,延伸研究,朝毕业论文的方向努力。这样就可以较好地把毕业论文工作分散在平时,既解决了毕业论文匆忙准备质量不高的问题,也提高了研究性教学的品位,由训练走向研究,这样一般会取得很好的教学效果。

词汇结构关系问题是《现代汉语》"词汇"一章的重点内容,教师一般都会花很多精力去引导学生学习掌握。但教材在"成语"一小节只谈到了成语的来源问题,却没有谈到成语的结构问题。这就容易产生一种错觉,即认为成语这一级词汇单位与词的结构关系是一样的,但事实上成语的性质与词的性质差别很大。成语是历时形成的,长度增加了,有的是压缩的结构。因此,内部结构关系更复杂,如"处变不惊""唇亡齿寒""宁为玉碎,不为瓦全"是什么结构关系呢?这几个成语内部的结构关系类似于复句的复合关系。很显然,如果再运用合成词的"复合式""附加式""重叠式"几种结构关系无法将其分析出来。鉴于此,笔者以"成语的内部结构关系"为题,开展研究性学习,让学生以一本具体的成语词典为语料,按音序选取部分成语进行分析,然后归纳,并明确告诉学生,可以在此次研究性学习的基础上,运用穷尽式的研究方法,把作为研究语料的成语词典中所有成语进行分析归纳,进一步扩大研究的深度和广度,做成毕业论文。后来有的同学继续进行研究,以《成语结构关系研究》为题写成了毕业论文,不仅进一步深化了对成语内部结构关系的认识,也在一定程度上推进了成语内部结构关系问题的研究。

(二)参加学科竞赛

学科竞赛是既是课堂教学的延伸,更是课堂教学的提升。"组织大学生参加科研竞赛,从实质而言就是旨在提高大学生创新能力的研究性教学的一种表现形式。"[①] 学科竞赛成绩的高低,很大程度上反映了教学质量的高低,各高校对学科竞赛都非常重视。特别是"挑战杯"全国大学生课外学术科技作品竞赛,被誉为当代大学生科技创新的奥林匹克盛会。"挑战杯"大学生课外学术科技作品竞赛的作品分为三大类:自然科学类学术论文、社会科学类社会调查报告和学术论文、科技发明制作。研究性教学可以以"挑战杯"课外学术科技作品竞赛等为导向,在前期研究的基础上,深入研究,形成调查报告或学术论文参赛,努力提升研究性教学的档次和成果质量。

地名是历代形成的,"变化相对较慢,它的顽强的延续性和稳定性较好地保存了文化史的某些本来面目"[②],从地名可以很好地透视一个地方的历史文化景观。笔者学校所在地巢湖市历史悠久,古称"居巢""南巢","成汤放桀于南巢"即出

---

① 杨臣.研究性教学:提高我国大学生创新能力的必然选择[N].光明日报,2010-07-17(07).

② 周振鹤,游汝杰.方言与中国文化[M].第二版.上海:上海人民出版社,2007.

于此,文字记载的历史就有 3 000 余年。巢湖市临近长江,位于五大淡水湖之一的巢湖之滨,流域内水网纵横交织,水文化发达,很多地名都与水有关。学校坐落在巢湖市的东边半汤路汤山之麓,《巢湖志》记载:"山有二泉,一冷一暖合流。"因而温泉有"半汤"之名。半汤温泉的历史十分悠久,远在秦汉,此处温泉就为人们发现和利用。因为温泉资源丰富,这一带旅游休闲文化发达,很多地名与泉有关。基于这些情况,笔者积极引导学生以巢湖市地名与历史文化为专题,围绕"居巢"的历史文化、巢湖流域的水文化以及半汤的温泉文化展开研究,撰写调查报告或研究论文,参加各级"挑战杯"竞赛。

(三)申报科研项目

"以项目为中心的学习改变了短促的、单一的、以教师为中心的传统课堂教学,而强调长期的、跨学科的、结合现实世界中的问题与实践的学习活动。"[①]为培养大学生的科研创新能力,国家和各高校都极为重视大学生的科研工作,鼓励大学生积极申报各类科研项目,以项目驱动科研能力的提升。为促进大学生的创新创业工作,教育部出台了《关于做好"本科教学工程"国家级大学生创新创业训练计划实施工作的通知》(教高函〔2012〕5号),通知中把大学生创新创业训练计划分为创新训练项目、创业训练项目和创业实践项目三类。其中,创新训练项目要求本科生个人或团队在导师指导下自主完成创新性研究项目设计、研究条件准备和项目实施、研究报告撰写、成果(学术)交流等工作。在研究性教学成果的基础上,可以继续进行研究,进一步申报创新项目。我校对大学生创新创业训练计划也极为重视,2012年即获批

---

① 杨臣.研究性教学:提高我国大学生创新能力的必然选择[N].光明日报,2010-07-17(07).

国家级大学生创新创业训练计划项目实施高校,并建立了校级、省级、国家级三级项目立项与遴选制度。结合该计划项目,立足地方,语言文学类有多个项目获准立项,如《滨水城市的水文化资源整合与开发利用——以巢湖为例》《巢湖水文化品牌的策划与推广》。

(四)化为创新创业项目

《国务院办公厅关于深化高等学校创新创业教育改革的实施意见》(国办发〔2015〕36号)指出:"深化高等学校创新创业教育改革,是国家实施创新驱动发展战略、促进经济提质增效升级的迫切需要,是推进高等教育综合改革、促进高校毕业生更高质量创业就业的重要举措。"当前,各高校对大学生的创新创业教育工作都极为重视,提供各种条件支持大学生创新创业。但是,创业项目的选择对大学生来说很困难,难以寻找到合适的项目,或是选择的项目层次较低,与专业脱节,不少项目都是商业性的项目,如奶茶店、DIY体验,或是实践性、创新性不足,与市场及技术发展脱节,技术含量不够。不少项目没有深入企业,没有进行实际的市场调查,都是学生基于自己的知识和认知构想出来的,这就在很大程度上制约了创业的成效和最后的成功。研究性教学可以在专业学习的基础上,结合市场需求状况,深入调查研究有关专业问题,从而有针对性地选择创业的项目和经营发展思路。因此,研究性教学还可以进一步融入市场和商业的视角,把研究性教学的成果转换为创新创业的项目。

人名、物名寄寓一定的意义,好的命名往往极富语言和审美艺术,不仅具有丰富的文化内涵,而且会带来很大的经济价值,如房地产业一些小区或楼盘的命名,像"四海花园""都市花园""明珠宝邸""湖畔名郡"。鉴于此,笔者围绕

"楼盘命名的语言艺术特征和文化商业价值"这一主题,设计了研究性教学,让学生调查收集当地一些楼盘的名称及其宣传的广告语,分析其语言艺术特征,并设计一些问卷,调查受众对不同名称的认同和接受度,分析其文化商业价值,最后归纳分析楼盘命名的文化价值取向和受众的接受之间的关系。在此研究性教学的基础上,学生明白了富有艺术审美性的命名是具有很高的商业文化价值的,可以以此为基础,围绕命名问题,提出相关创业训练或创业实践项目,注册诸如"XX艺术命名公司""语言传播艺术公司"等公司,借助网络平台,开展创新创业活动。

研究性教学的延展,除了上文分析的几个方面外,当然还有很多,如还可以延展到课程论文(设计)、科技文化活动、学术报告(会议),但精神实质是一致的,就是要尽可能保证研究的连续性,在连续研究的过程中,获得实质性的研究成果,获得真正的研究能力。

‖ 第二节　研究性教学延展的基本要求

研究性教学是一种综合训练,需要多种资源支持。这个子系统要运转流畅,永葆生机,就要融入学校这个大系统,从中获取养分和资源。很多研究性教学得不到理解和支持,与其游离母体、孤立生活是很有关系的。因此,开展研究性教学,扩大研究性教学的功效,就要遵循一些最基本的要求。

一、与学校发展定位相吻合

高等教育是一个庞大的体系,《国家中长期教育改革和发展规划纲要(2010—2020年)》提出要"建立高校分类体系,实行分类管理"。不同类型层次高校的发展定位是不同的。"985""211"一类高校一般都定位于研究型大学,以培养学术型人才为主。占高校半壁江山的一般地方本科高校则定位于应用型大学，以培养应用型人才为主。高职高专以培养技术技能型人才为主。因此，同是开展研究性教学，从局部或具体的问题来看，不同类型高校可以一样，但从整体来看，区别是相当明显的。研究型大学的研究性教学指向的是理论创新与发明创造，应用型大学指向的是知识应用与技术研发，而高职高专指向的则是技术改良与工艺优化。因此，学校、院系或教师在设计或开展研究性教学的时候，要尽可能与所在学校的发展定位相统一，融入整体的教学改革与发展进程，理论和实践相结合，第一课堂和第二课堂相贯通，以形成整体效应。这样不但容易获得理解和支持，而且可以为学校发展和人才培养增光添彩，甚至形成特色。教学实践中，很多教师抱怨学校对研究性教学不重视或得不到同行的响应和学生的配合，一定程度上与教师开展的研究性教学与学校整体发展定位不相吻合是有关系的。

二、与人才培养目标相吻合

高校在专业人才培养目标的设定方面有较大的自主性，同一专业，在不同类型甚至同一类型的高校，其人才培养目标、培养规格以及课程体系是可以不相同的。因此，教师在设计、组织研究性教学时，要始终紧扣专业性质和专业人才培养目标定位。无论在具体的一门课程还是在同一学科的课程群中开展研究性学习，都要以专业人才目标为准绳，心往一处想，力往一处聚，这样才能保证研究性教学的成效和人才培养目标的实现。教师如果忽视专业人才培养目标，过分强调自己对专业人才培养目标的理解，或者过分强调讲授课程的学科性质，这样开展研究性教学，很可能会增加教学的负担，甚至偏离整体目标。例如，同是汉语言文学专业，有的是师范性质的,以培养中小学语文教师为目标,有的是非师范性质的,或以新闻为方向,或以文秘为方向。因此,如果在师范专业中开展研究性教学,紧密结合中小学语文教学的实际就比较适宜;在非师范的新闻方向,紧密结合网络语言、手机语言等就比较适宜。在实践中,有时因为没有确立专业人才培养目标是研究性教学(也是整个教学)的准绳这一原则,整体设计不够科学,各个教师从自己讲授的课程出发开展研究性教学,结果就造成了研究性教学目标分散、效果不好的现象。

三、充分利用三个空间课堂

当前,很多高校都对课内(第一课堂)总学时进行压缩,以留给学生更多的自主发展空间(第二课堂),强化实践和与社会的接轨,也给学生校外的实习实训留下了较多的时间(第三课堂)。因此,在高校中,第二课堂、第三课堂的位置也是相当重要的,在人才培养中意义重大。研究性教学,不管是偏重理论的还是偏重实践的,都要充分发挥第二课堂、第三课堂的作用,把三个课堂有机结合起来,努力突破"以教师为中心、以课堂为中心、以课本为中心"的教学模式。研究性教学实践中,有的教师反映教学时间不够,难以开展,很大程度上都与没有充分利用与挖掘第二课堂、第三课堂而仅仅依靠第一课堂有关。因此,开展研究性教学,教师要有"三个课堂"的强烈意识,尽可能地把研究性教学与学生第二课堂的各种学科竞赛、科技文化活动以及社团活动等联系起来,与第三课堂的实习实训和毕业论文(设计)等联系起来,让学生带着问题去参与各种活动,在各种活动中提出问题,从而让研究性教学有机地融入人才培养的全过程。

四、充分拓展三个维度校园

关于大学校园，一般认为围墙内的校园是第一校园，围墙外的（社区）社会是第二校园。随着信息技术的发展，互联网富媒体化的程度越来越高，已经是另一个虚拟但又实实在在的世界，可谓是第三校园。如今，我们不仅生活、工作于实体的第一校园、第二校园，同样生活、工作于互联网的第三校园。研究性教学虽然也是教学，但研究性教学又不同于一般的教学。这种教学具有开放性的特征，不仅要进行理论探索，更要进行实际调查，不仅要进行经院哲学式的思辨，更要指向经济社会文化发展的实际，解决实际问题。因此，开展研究性教学，亟须走出第一校园，积极拓展到第二校园和第三校园。无论是研究问题的提出，还是分析解决，都要有三个校园的意识。在研究性实践中，有的教师反映学生提出的问题（甚至毕业论文）现实意义不强，为研究而研究，或者是研究没有在社会实践中完成，纯是理论思辨或设想，这在很大程度上与开展研究性教学时没有充分拓展三个校园有关。因此，实践中，教师要引导学生积极走出第一校园，学会在第二校园、第三校园中提出问题、解决问题，从而提高研究性教学的质量和现实针对性。

以上四个方面是从两个不同的角度来说的。前两者强调的是研究性教学要有明确的目标导向，后两者强调的是研究性教学要有明确的范围意识，不能为研究性教学而研究性教学。毕竟大学是培养专业人才的，是真刀真枪的实战，是（准）学术性的研究，不同于基础教育重在科研思想意识和过程方法的训练。当然，研究性教学延展的要求还可以从不同的角度提出很多，如对教师、学生的思想认识和实际教学、研究能力的要求。这些方面很多研究都做了论述，本书不再赘述。

参考文献

[1] （美）戈登伯格．构式 —— 论元结构的构式语法研究 [M]．吴海波，译．北京：北京大学出版社，2007.

[2] （美）霍珀，特劳戈特．语法化 [M]．第二版．北京：北京大学出版社，2005.

[3] 《汉语大字典》编辑委员会．汉语大字典 [M]．缩印本．武汉：湖北辞书出版社，1992.

[4] 2018 年春夏季中国报纸十大流行语发布 [EB/OL]．北京语言大学国家语言资源监测与研究平面媒体中心，2018[2018-12-24]．http://cnlr.blcu.edu.cn/index.html.

[5] 包辰瑶．《红楼梦》前八十回和后四十回词频的对比研究 [J]．湖北科技学院学报，2013（09）：61-62，74.

[6] 暴希明．汉字文化课研究性教学的实践与思考 [J]．殷都学刊，2009（03）：126-129.

[7] 曹莉亚．前后迥异的《红楼梦》色彩世界 —— 基于前八十回与后四十回颜色词比较看全书作者不一致性 [J]．明清小说研究，2014（01）：133-145.

[8] 曹清富．《红楼梦》后四十回绝非曹雪芹所作 —— 前八十回与后四十回虚词、词组及回目之比较 [J]．红楼梦学刊，1985（01）：281-312.

[9] 陈宝勤．汉语词汇的生成与演化 [M]．北京：商务印书

馆,2011.

[10] 陈春雷.汉语危机并非耸人听闻——与汉语危机否定论者商榷[J].学术界,2013(4):109-116,286-287.

[11] 陈望道.修辞学发凡[M].上海:上海教育出版社,1997.

[12] 崔山佳.语言类课程群研究性学习与学生科研能力、创新能力的培养[J].现代语文(语言研究版),2011(01):111-114.

[13] 丁俊苗,雍淑凤,朱华平.论语言递归性的串合与套合关系[J].巢湖学院学报,2013(4):90-95.

[14] 丁俊苗.“城阙辅三秦”之“辅”释义辨证[J].宁夏大学学报,2008(03):49-51.

[15] 丁俊苗.基于缩略的词汇生成模式研究[J].殷都学刊,2009(01):126-133.

[16] 丁俊苗.基于问题意识的《现代汉语》研究性教学[J].三门峡职业技术学院学报,2009(02):64-67.

[17] 丁俊苗.缩略——字义演变的新途径[J].安庆师范学院学报(社会科学版),2009(05):19-23.

[18] 丁俊苗.教材比较阅读法——谈一种研究性教学方法[J].巢湖学院学报,2012(4):120-125.

[19] 丁俊苗.论关联词语的关联强度与层级体系[J].现代语文(语言研究版),2016(07):50-55.

[20] 范新干.在研究中学习,在学习中研究——从古代汉语比证说到本科研究性学习[J].焦作大学学报,2010(04):110-111.

[21] 冯志伟.应用语言学综论[M].广州:广东教育出版社,1999.

[22] 甘智林．语言学概论课程研究性学习的指导原则与教学模式 [J]．武陵学刊,2013（03）:135-137.

[23] 高小方．中国语言文字学史料学 [M]．南京:南京大学出版社,2005.

[24] 顾沛．把握研究性教学,推进课堂教学方法改革 [J]．中国高等教育,2009（07）:31-33,38.

[25] 桂诗春,宁春岩．语言学方法论 [M]．北京:外语教学与研究出版社,1997.

[26] 何乐士．专书语法研究的回顾与展望 [J]．湖北大学学报,2001（06）:70-74.

[27] 侯敏,周荐．2009 年汉语新词语 [M]．北京:商务印书馆,2010.

[28] 黄伯荣,廖序东．现代汉语 [M]．增订四版．北京:高等教育出版社,2007.

[29] 黄伯荣,廖序东．现代汉语 [M]．增订五版．北京:高等教育出版社,2011.

[30] 黄伯荣,廖序东．现代汉语 [M]．增订六版．北京:高等教育出版社,2017.

[31] 黄昌宁,李涓子．语料库语言学 [M]．北京:商务印书馆,2002.

[32] 教育部．普通高中语文课程标准 [S]．2011 年版．北京:北京师范大学出版社,2012.

[33] 教育部．普通高中课程方案 [S]．北京:人民教育出版社,2018.

[34] 教育部．普通高中语文课程标准 [S]．2017 年版．北京:人民教育出版社,2018.

[35] 教育部高等教育司．普通高等学校本科专业目录和专

业介绍（2012 年）[Z]．北京：高等教育出版社，2012．

[36] 教育部高等学校教学指导委员会．普通高等学校本科专业类教学质量国家标准[S]．北京：高等教育出版社，2018．

[37] 鞠彩萍．大学课程教学中研究性学习初探 —— 以古代汉语课程教学为例[J]．常州工学院学报（社科版），2008（06）：111-113．

[38] 李定春．科研与教学的相互促进 —— 汉语言文学专业研究性教学的探索与实践[J]．湘南学院学报，2013（01）：101-104，109．

[39] 李建廷．魏晋南北朝碑刻连绵词同词异形现象研究[J]．兰州学刊，2013（05）：180-183．

[40] 李阳春．《红楼梦》前八十回与后四十回语言差异十例[J]．湖南师院学报（哲学社会科学版），1981（02）：90-91．

[41] 李玉晶．《红楼梦》前八十回和后四十回的言语差异[D]．武汉：华中师范大学，2012：1-46．

[42] 李悦．期刊人名拼音拼写错误评析[J]．语言文字应用，2008（04）：28-34．

[43] 刘坚，蒋绍愚．近代汉语语法资料汇编（唐五代卷）[M]．北京：商务印书馆，1990．

[44] 刘坚，蒋绍愚．近代汉语语法资料汇编（宋代卷）[M]．北京：商务印书馆，1992．

[45] 刘坚，蒋绍愚．近代汉语语法资料汇编（元明代卷）[M]．北京：商务印书馆，1995．

[46] 刘钧杰．《红楼梦》前八十回与后四十回言语差异考察[J]．语言研究，1986（01）：172-181．

[47] 刘伟. 以"问题"为着眼点积极推行研究性教学 [J]. 中国高等教育,2010(01):48-49.

[48] 刘学锴,余恕诚. 李商隐诗歌集解 [M]. 增订重排本. 北京:中华书局,2004.

[49] 刘赞英,王岚,朱静然. 构建研究性教学模式的难点和突破口 [J]. 中国高等教育,2008(13、14):40-42.

[50] 陆俭明. 现代汉语语法研究教程 [M]. 第三版. 北京:北京大学出版社,2005.

[51] 陆俭明. 构式语法理论的价值与局限 [J]. 南京师范大学文学院学报,2008(01):142-151.

[52] 吕嵩松. 发挥优势,开展有特色的语言学研究性学习——在我校中文专业语言学课程中开展研究性学习的一点设想 [J]. 广西右江民族师专学报,2003(04):124-128.

[53] 罗竹风. 汉语大词典 [M]. 上海:上海辞书出版社,2011.

[54] 屈哨兵,刘惠琼. 广告语言跟踪研究 [M]. 广州:暨南大学出版社,2009.

[55] 邵敬敏. 现代汉语课程教材的改革与创新意识 [J]. 中国大学教育,2002(12):28-30.

[56] 邵敬敏. 现代汉语通论 [M]. 第二版. 上海:上海教育出版社,2007.

[57] 石毓智. 汉语研究的类型学视野 [M]. 南昌:江西教育出版社,2004.

[58] 汪维辉.《红楼梦》前 80 回和后 40 回的词汇差异 [J]. 古汉语研究,2010(03)35-40.

[59] 王艾录,司富珍. 语言理据研究 [M]. 北京:中国社会科

学出版社,2002.

[60] 王力,岑麒祥,林涛,等.古汉语常用字字典[M].第4版.北京:商务印书馆,2005.

[61] 王力.中国语言学史[M].太原:山西人民出版社,1981.

[62] 王力.古代汉语(第一册)[M].校订重排本.北京:中华书局,1999.

[63] 吴汉江.对外汉语专业现代汉语课程研究性教学的思考[J].林区教学,2012(01):32-34.

[64] 吴礼权.汉语修辞史研究与汉语修辞学研究的深化[C]//吴礼权,李索.修辞研究(第一辑).广州:暨南大学出版社,2016:175-191.

[65] 吴岩.一流本科　一流专业　一流人才[J].中国大学教学,2017(11):4-12,17.

[66] 谢安邦.高等教育学[M].修订版.北京:高等教育出版社,1999.

[67] 行龙.引入研究性教学理念　着力提高本科教学质量[J].中国高等教育,2007(22):44-45.

[68] 邢福义.汉语复句研究[M].北京:商务印书馆,2001.

[69] 徐大明.语言变异与变化[M].上海:上海教育出版社,2006.

[70] 徐通锵.语言论——语义型语言的结构原理和研究方法[M].长春:东北师范大学出版社,1998.

[71] 许慎,著.汤可敬,撰.《说文解字》今释[M].长沙:岳麓书社,1997.

[72] 许湘岳,邓峰.创新创业教程[M].北京:人民出版社,2011.

[73] 杨冰郁,丁俊苗. 语文辞书编纂的显性原则和隐性原则 [J]. 中州学刊,2009(01):243-245.

[74] 杨臣. 研究性教学:提高我国大学生创新能力的必然选择 [N]. 光明日报,2010-07-17(07).

[75] 杨婷婷. 也谈《红楼梦》前八十回与后四十回语言差异问题 [J]. 中南林业科技大学学报(社会科学版),2011(01):111-113.

[76] 姚利民,康雯. 大学研究性教学现状与原因分析 [J]. 中国大学教学,2009(01):19-23.

[77] 叶蜚声,徐通锵. 语言学纲要 [M]. 第三版. 北京:北京大学出版社,1997.

[78] 原新梅. 学术期刊作者姓名的拼写规范问题 [J]. 语言文字应用,2002(01):66-70.

[79] 岳伟,张文言,黄道主. 高校本科研究性教学遭遇的困难与建议——基于 X 高校教师群体的实证分析 [J]. 江西教育学院学报,2013(01):49-52,66.

[80] 张斌华. 珠三角新生代农民工语言使用、态度及认同研究 [J]. 语言文字应用,2016(03):30-38.

[81] 张华. 研究性教学论 [M]. 上海:华东师范大学出版社,2010.

[82] 张伟刚. 大学研究性教学与科研方法 [J]. 高等理科教育,2009(02):65-68,103.

[83] 张志毅,张庆云. 词汇语义学 [M]. 北京:商务印书馆,2001.

[84] 赵洪. 研究性教学与大学教学方法改革 [J]. 高等教育研究,2006(02):71-75.

[85] 中国社会科学院语言研究所词典编辑室. 现代汉语词

典［M］．第 6 版．北京：商务印书馆，2012.

[86] 周振鹤，游汝杰．方言与中国文化［M］．第二版．上海：
上海人民出版社，2007.

[87] 庄素真．探究式教学法在古代汉语教学中的运用［J］.
科教文汇（上旬刊），2010（09）：87-89.

附 录

附录一:基于问题意识的现代汉语研究性教学

丁俊苗 *

(巢湖学院中文系 安徽 巢湖 238000)

摘要:研究性教学是一种新的教育思想和教学方式。在现代汉语课程教学中实施研究性教学,培养学生初步的科研能力,可以让他们更好地从事中学语文探究性学习的教学和语言研究工作,同时也进一步深化了现代汉语的课程改革。以问题意识为基础和核心的研究性教学,具体,可操作性强,是实施研究性教学的有效途径。研究性教学给教师的教、学生的学以及教材的编写也提出了新的、更高的要求。

关键词:问题意识;现代汉语;研究性教学

中图分类号:H109.4 文献标识码:A 文章编号:1671-9123 (2009) 02-0064-04

引 言

教育部《关于进一步加强高等学校本科教学工作的若干

---

* 收稿日期: 2009-03-27

作者简介:丁俊苗(1974—),男,安徽枞阳人,巢湖学院中文系讲师,陕西师范大学文学院博士研究生。

意见》中明确要求:"要积极推动研究性教学,提高大学生的创新能力。"研究性教学是一种新的教育思想和教学方法,是培养、提高学生创新能力,提升教育质量的重要途径和手段。罗正祥指出:"要从传统教育的惯性和影响中解放出来,改革那种妨碍学生创新精神和创造能力发展的教育观念、教学模式和方法,大力推进研究性教学,把教学与研究有机结合并融入本科教学活动的方方面面。"[1]行龙指出:"在本科教学中引入研究性教学理念,把着力点放在培养学生的创新精神与实践能力上,是提升本科教学质量的一个重要突破口。"[2]"大学课程教学不仅传承知识,更肩负着创新知识的使命。……研究性教学在培养学生的综合能力的过程中将发挥越来越重要的作用,它将成为综合性实践课程的主要教学方法。"[3]

一、研究性教学在现代汉语教学中的意义

研究性教学的重要意义在高等教育中越来越受到重视,但研究性教学的实施,学生创新能力的培养,则是要通过具体的课程教学来进行。现代汉语是高等师范院校汉语言文学专业重要的专业基础课。在高等教育弘扬、实施研究性教学的背景下,现代汉语课同样要努力贯彻实施研究性教学,肩负起培养学生创新能力、提升教育质量的重任,研究性教学在现代汉语课程中具有重要的意义。

(一)让学生更好胜任中学语文探究性学习的教学工作

教育部颁发的《现代汉语教学大纲》中这样规定现代汉语课的教学目标:"贯彻理论联系实际的原则,系统讲授现代汉语的基础理论和基础知识,加强基本技能的训练,培养和提高学生理解、分析和运用现代汉语的能力,为他们将来从事语文教学工作和现代汉语的研究工作打好基础。"从这一

表述中可以看出,学习现代汉语课程的最终目的是要为学生
"将来从事语文教学工作和现代汉语的研究工作打好基础",
为语文教学和现代汉语研究服务。中学语文新课改的实施,
要求改变传统的接受型教学模式,转变为探究性学习的教学
模式。探究性学习的教学模式,其实质就是创设一种类似于
学术研究的情境,在教师的引导下,通过学生自主发现问题、
分析问题、解决问题,让学生获得知识、发展技能,培养探索
精神和创新能力,全面提高学生的综合素质。探究性学习的
提倡、实施,对教师也提出了更高的要求,要求教师必须是一
个很好的研究者,有发现问题的眼力,熟悉学术研究的基本
过程与规律。前几年新课标的培训中,笔者参与了中学语文
教师的继续教育工作,讲授探究性学习课程,在教学中,明显
感觉到较多中学语文教师自身研究能力的不足。要想真正
胜任中学语文探究性学习的教学,这样是有困难的。今天的
师范生,就是明天的教师。他们要想较好地胜任中学语文探
究性学习的教学工作,自身同样要具备必要的研究能力,至
少要熟悉学术研究的基本过程和特点,如果己之昏昏,岂能
使人昭昭? 现代汉语是中学语文教学的重要基础课。因此,
在现代汉语课的教学中引入研究性教学,让学生参与研究,
熟悉科研的过程和规律,培养他们初步的科研能力,对他们
将来从事中学语文的教学工作,实施探究性学习的教学,培
养学生的创新能力,无疑具有重要的意义。

(二)培养现代汉语的研究能力

现代汉语课的教学,不仅要通过系统的现代汉语的基
础理论和基础知识的讲授、基本技能的训练,培养和提高学
生理解、分析和运用现代汉语的能力,还要培养他们初步的
现代汉语的研究能力。要培养学生初步的现代汉语的研究

能力,必须要有具体的途径和方式。但是,由于传统讲练的教学模式缺少培养学生研究能力的有效途径和方式,或因为认识上的误区,有些教师认为研究能力的培养是研究生阶段的学习任务,有意回避学生研究能力的培养,所以学生的现代汉语研究能力相当薄弱。从笔者的教学实践来看,每年大四的毕业论文中,选题属于现代汉语范畴的论文不足百分之十,古代汉语的更是凤毛麟角,且有模仿抄袭现象,稍微要求高些,有的学生就转而写文学一类的论文了。究其原因,除了由于语言学科严谨和科学的特点,学生难以自由发挥外,笔者以为还是学生缺乏基本的现代汉语的研究能力,选题存在困难,也不知该如何收集语料、阅读文献进行论证分析。在教学实践中,笔者也做了一些尝试,在有的班级以作业的形式实施研究性教学,学生学习、研究现代汉语的热情以及研究的能力都要明显高于其他班级。因此,在现代汉语教学中贯彻研究性教学,让学生参与研究,亲身体验,对培养学生研究现代汉语的能力,撰写毕业论文都具有重要的意义。

因为现代汉语可知可感,学生对语言事实都很熟悉,理解起来没有语言的障碍,所以,在语言类的几门课程中,现代汉语相对于古代汉语和语言学概论来说,学习要容易一些,要培养学生的语言研究能力,也更容易实施。现代汉语课教学中实施研究性教学,对于培养学生研究古代汉语及普通语言学的能力也具有重要的参考、指导意义。不仅如此,现代汉语的研究相对于文学研究而言,逻辑性更强,在语言事实的支撑下,操作性也更强。因此,现代汉语课程的研究性教学,更有助于学生严密的思维、严谨的态度等科学素养的形成。

（三）深化现代汉语的教学改革

现代汉语的教学改革在学术界讨论也比较多,但绝大多数的讨论都集中于教学内容、教学方式的改革：教学内容方面或认为教材落后于时代的要求，或认为不适应多种教学目的的需要；教学方式方面主要认为传统的讲授式教学不能有效培养学生的语言应用能力，要求增加实践性环节。这些讨论研究无疑推进了现代汉语的教学改革，提升了教学的质量，但是对于现代汉语教学中研究性教学则讨论不多，对于研究性教学在培养学生的科研能力及创新精神方面的重要意义认识不够。研究性教学是培养创新人才的必然要求，因此，在现代汉语教学中实施研究性教学对于深化现代汉语的教学改革也具有重要的意义。

现代汉语课程的研究性教学，除了上述三点直接意义外，还具有一定的普遍意义。因为平时的教学中研究性教学的缺失，大四学生撰写毕业论文时，难以选题、不会查阅资料等是常事，有的甚至不知中国期刊网为何物。现代汉语一般在大一开设，让学生及早参与、熟悉学术研究的基本过程，对于他们传统学习方式的改变、科研素养的形成以及科研论文（包括毕业论文）的撰写都有极大的好处。

二、问题意识——研究性教学的基础和核心

大学的根本任务是培养人才，就是要让学生掌握科学的思维方法，具有强烈的创新意识和一定的创新能力，能够敏锐地发现问题、正确地分析问题和创造性地解决问题。发现问题、分析问题、解决问题的问题意识是科研创新的起点和依托。对于研究性教学来说，问题意识是其基础和核心，一切教学活动围绕发现问题、分析问题和解决问题展开。目前学术界对现代汉语教学中的研究性教学也有一些研究成果，但一般都是从大的方面泛泛而谈，难以真正学习借鉴、贯彻实施。下面笔者根据自己的教学实践，以问题意识为基础和

核心,以具体的事实为例证,谈谈现代汉语教学中的研究性教学。

（一）发现问题

爱因斯坦说发现问题比解决问题更重要。确实,发现问题往往是科研创新的源泉,但是发现问题往往也是最难的。对于现代汉语课程的教学来说,首先要给学生灌输不惟教材的观念,不要认为教材上都是对的,或者是唯一的解释,要敢于从语言实际和语感出发提出自己的观点,发表不同的见解。其实,只要不惟教材,平时处处留心,发现问题并不难。下面以黄伯荣、廖序东主编的《现代汉语》（增订三版）[4]为例具体说明:

例1:教材第75页,练习四:指出下面句子中定语的短语结构类和功能类。

恒心,是攀登高峰的通天梯。

……

私心,是走向深渊的大祸根。

学生在分析"大祸根"的定语"走向深渊"的结构时,出现了如下两种分析方法:

走〈向深渊〉

走向深渊

第一种分析认为第一层"向深渊"是"走"的补语,第二层是"深渊"作"向"的宾语;第二种分析认为第一层"深渊"是"走向"的宾语,第二层是"向"作"走"的补语。这两种分析方法第一层和第二层都不一致,到底应该如何正确分析呢?

例2:教材第108页,练习三:指出下面句子的宾语和补语。

② 他的话说到我的心坎里了。

⑥老雷找到了他的同学。

有了前面"走向深渊"的分析经验,针对这两道题,笔者要求全班同学运用层次分析法,分析这两例的结构层次,结果第②题中"说到我的心坎里"分析也出现了如下两种情况:

说〈到我的心坎里〉

说到我的心坎里

这样的分析结果与例1相同,也出现了争议。笔者接着让学生看第⑥题能不能做同样的分析,结果绝大部分同学认为只有如下一种分析:

找到了他的同学

综合上述两例可以看出,为什么"走向深渊"和"说到我的心坎里"有两种分析,而"找到了他的同学"只有一种分析。此外,"走向深渊"和"说到我的心坎里"的两种分析谁对谁错,为什么会出现这种情况,这是一个问题,值得思考和探究,可以作为研究性教学的极好素材。因此,笔者要求学生课后思考,收集更多类似的例证,下节课讨论。

(二)分析问题

要求学生课后思考的同时,笔者课后也认真地分析了以上例证,并与其他教师探讨,查阅资料,力图进行解释。课堂上笔者提出了以下两个问题,以引导学生分析思考:

(1)"走向深渊"和"说到我的心坎里"有两种分析,而"找到了他的同学"只有一种分析,问题出在什么地方?

(2)"走向深渊"和"说到我的心坎里"教材上是如何分析的?为什么与我们的语感不一致?

师生共同活动,通过列举更多例证,运用变换分析等方法,针对上述两个问题,做了如下分析讨论。

第一个问题:"走向深渊""说到我的心坎里"中"向"和

"到"后面是表示方位的名词性短语,而"找到了他的同学"中"到"后面是表示人的名词性短语;"说到我的心坎里"和"找到了他的同学"中的"到"的语法属性和语义不一样。

第二个问题:教材第62页讲到中补短语时列举了五个例证,其中第四个例证的分析如下:

走〈到天涯海角〉(动·介词短语)

教材第98页讲到时间、处所补语时,例证㉚的分析如下:

㉚两个小伙子张罗着把对联贴〈到大门的两侧〉。

根据教材,大部分学生都坚持认为"走向深渊"和"说到我的心坎里"应该分析为:

走〈向深渊〉

说〈到我的心坎里〉

但这种分析与我们的语感不一致。我们实际读音时,"走向"和"说到"应该是一个整体,其节奏应为:

走向 ‖ 深渊

说到 ‖ 我的心坎里

(三)解决问题

经过以上分析讨论,确立了以下两个论题:

(1)"到"的语法属性和语义问题;

(2)语法结构和语音节奏关系问题。

针对第一个问题,做以下提示和要求:(1)要求学生寻找更多的包含"到"的句子,如"到家了""走到家了""碰到熟人""看到小李",分析比较,归纳"到"的语法属性和语义;(2)查阅《现代汉语词典》(第5版),看上面是如何解释的,是否完善;(3)在感性经验的基础上,要求学生到图书馆查阅中国期刊网,阅读一些论述动词、介词语法化和词缀的文章。

针对第二个问题,做以下提示和要求:(1)要求学生寻找更多语法结构分析和朗读节奏不一致的例句,如"两个黄鹂鸣翠柳,一行白鹭上青天"中"鸣翠柳"和"上青天";(2)要求学生查阅中国期刊网,阅读一些论述语法结构、语义和语音节奏关系方面的文章。

经过上述适当的提示后,要求学生以《浅析"到"的语法属性及语义》和《例谈语法结构和语言节奏不一致问题》为题,模仿中国期刊网上的专业论文,撰写小论文。学生根据自己的意愿,选择其中一个,可以单独完成,也可以合作完成,形式不拘。待学生完成小论文后,选择集中的时间进行分析评价,并综合相关内容,撰写成学术论文,以全班名义予以公开发表。

(四)基于问题意识的研究性教学应注意的问题

以上通过具体的实例,讨论了如何紧扣发现问题、分析问题和解决问题的问题意识,展开研究性教学。这样的案例,问题来自书本和学生的实际语感,既培养了学生不惟书本的怀疑精神,又充分尊重学生自己的观察和思考,学生也感到很亲切、很具体,既能激发他们思考、创新的激情,也能让他们获得一定的成就感和集体荣誉感。分析问题时,师生共同活动,共同参与,锻炼了学生运用所学知识分析、思考问题的能力。解决问题时,有明确的目标和大致的范围,通过一定的努力就能实现,锻炼了他们动手查阅收集资料的能力,也激起了他们求知的欲望。总之,以问题为基础和核心的研究性教学,从平常的教学实践中发现问题,运用已有的知识分析问题,还可以获得新的知识。整个过程很自然,既消除了学生视科研为畏途的心理障碍,也培养锻炼了学生初步的探索、研究能力,激发了学生崇尚学术的热情,还能提高学生的语言表达能力等。显然,这种研究性教学让学生熟悉了科研的一些基本过程和规律,对他们今后的工作和学习都是大有益处的。

以问题为基础和核心的研究性教学具有具体、可操作性强的特点。但就笔者的实践来看,大一的学生实施起来也要进行控制,要注意以下几点。首先,问题难度要适宜。教师要根据学生所学内容和知识结构,充分论证,问题本身不要太难,以学生稍做努力即可解决为宜,免致学生产生畏难情绪。其次,问题要具体,具有可操作性。语言学的研究科学性强,学生难以发挥。因此,教师对问题的分析要尽量具体,既让学生懂,又有话说;要求学生查阅资料的范围和内容也尽量具体一些,要让学生能查到,能读懂,有时甚至可以给出篇名,让学生去查去读。第三,要求要适中。研究性教学重在过程,让学生熟悉科研的过程和规律,至于结果,则不可过高要求,只要学生有语言事实材料的支撑,言之成理,言之有序即可。第四,尽量不要加重学生的课业负担。研究性教学的实施可以和学生的平时作业结合起来,作为平时成绩的考察内容,一学期两到三次为宜。

三、研究性教学的新要求

研究性教学是一种新的教育思想和教学方法,对教师、学生以及教材的编写也提出了新的要求。对于教师来说,首先,思想上对研究性教学要有正确的认识,不要认为研究性教学和学习是研究生阶段的学习任务,本科教学中引入研究性教学同样是必要和可能的。"科研是创新性人才培养的基础,应尽可能地引导本科生尽早参与科研,"[5] "'学习'与'研究'是不可分的,是一个过程的两个方面。我们每一个学生都应该学会在'学习'中'研究',在'研究'中'学习'。"[1] 其次,研究性教学也对教师提出了更高的要求,"最好的研究者才是最优良的教师,只有这样的研究者才能带领人们接触真正的求知过程,乃至于科学的精神。"(德国哲学家、教育家雅斯贝尔斯语)因此,高校教师需要努力学习,提升自己的科研水平和能力。第三,研究性教学不同于传统教学,也不同于科研本身,是一种新的教学方法。教师还要积极钻研研究性教学的特点和规律及其实施过程等。对于学生而言,研究性教学的组织实施及课堂上的行为方式都不同于传统教学。因此,首先,要消除抵制排斥心理,跟随教师的安排,尽快适应;其次,要积极配合,真正动手动脑,在实践中增长才干;第三,要逐渐养成新的学习方式和思维方式,不要一想到完成作业,就找资料抄答案,或追求唯一解答,要学会发散思维,自己发现问题,自己解决问题。传统教材的组织编写以知识性、系统性为目标,对于研究性教学而言,这样的教材也有其不适应处。新的教材编写也要积极引入问题意识,要在知识性、系统性的基础上,以各种形式提出问题,以便于研究性教学的组织实施。

参考文献

[1] 罗正祥. 对推进研究性教学的思考和建议 [J]. 中国高等教育,2006(Z2):44-45.

[2] 行龙. 引入研究性教学理念 着力提高本科教学质量 [J]. 中国高等教育,2007(22):44-45.

[3] 赵洪. 研究性教学与大学教学方法改革 [J]. 高等教育研究,2006(02):71-75.

[4] 黄伯荣,廖序东. 现代汉语 [M]. 增订三版. 北京:高等教育出版社,2002.

[5] 朱崇实. 研究型大学创新型人才培养的思考与探索 [J]. 中国高等教育,2007(21):17-19.

On the Study-based Teaching in the Course of Contemporary Chinese Based on Questions

Ding Junmiao

（Department of Chinese Language and Literature, Chaohu College, Chaohu, Anhui, 238000）

Abstract: The study-based teaching is a new educational thought and teaching method. The implementation of study-based teaching in teaching the course of contemporary Chinese can train students' fundamental research capabilities, so that they can teach Chinese better in high school, and study language effectively. At the same time, the study-based teaching can also carry forward the reform of teaching in contemporary Chinese. Because the study-based teaching based on questions has the characteristics of definiteness and operability, it is an important way of carrying out the study-based teaching. Of course, the study-based teaching also made newer and higher demands for teachers, students and the compilation of textbooks about contemporary Chinese.

Keywords: awareness of questions; contemporary Chinese; the study-based teaching

（本文原载于《三门峡职业技术学院学报》,2009 年第 2 期。收入本书时保持了原貌。）

附录二：论语言递归性的串合与套合关系

丁俊苗　朱华平　雍淑凤

（巢湖学院　安徽 巢湖 238000）

摘　要：递归性是语言的本质属性之一，但目前对递归性的理论内涵、运转机制的认识并不清晰、准确。递归性包括语言符号横向的串合关系和纵向的套合关系两种情况。串合和套合关系有机联接和联动，形成递归性的运转机制。递归性的串合和套合关系在理论上具有重要的意义，要求在研究语言生成能力时纳入复合关系这一重要因素，从而使生成语法更完善，更有解释力。实践上，递归性的串合和套合关系可以贯通单句和复句，使层次分析方法适用于单句和复句，拓宽其应用范围。

关键词：递归性；串合关系；套合关系；单句；复句

中图分类号：H0　文献标识码：A　文章编号：1672-2868（2013）05-0090-06

引　言

递归性是语言的本质属性之一。语言现象虽然十分复杂，却能归结为少数几条规则。少数几条规则重复使用，就能生成无数的句子。语言的递归性是语言学研究的重要内容。但是，目前学术界对递归性的理论内涵和运转机制的认识并不清晰、准确，相应地，对递归性在语言分析实践中运用

———————————————

收稿日期：2013-08-15

基金项目：安徽省 2010 年度教学研究项目（项目编号：20100973）

作者简介：丁俊苗（1974—　），男，安徽枞阳人。巢湖学院教务处副处长，副教授，博士。研究方向：语言学、语言学教学。

的阐述也不明确、不充分,需要进一步对递归性进行探讨,以厘清其内涵和运转机制等问题。

一、递归性的研究现状

(一)关于递归性的定义

关于语言的递归性,叶蜚声、徐通锵认为,"同样的结构可以层层嵌套,借用数学的术语来说,这就是结构规则有'递归性'"[1]。钱冠连认为,递归性是"语言结构层次和言语生成中相同结构成分的重复或相套"[2]。这两者的表述虽不同,但通过相关论述和所举的例证来看,实质上内涵是一致的,即都认为递归性是"层层嵌套"的关系,①其结构类似于"中国套盒式"的结构。

(二)关于递归性的类型

关于递归性的类型,黄国文从系统功能语法的角度,认为递归有线性递归和嵌入递归两类。线性递归指的是属于同一"级"单位的连接关系,相连的两个或更多的同一级单位既可以是平等的,也可以是不平等的(即从属的)。嵌入递归是指"级转移",一个单位通常由比它低(小)一级的单位组成,当一个单位含有一个与它同级或比它高一级的单位时,这就是级转移。[3]结合例证,黄先生的线性递归实质上指的是小句复合体(clause complex),相当于汉语的复句,其中平等关系的是并列复句,从属关系的是主从关系的复句。嵌入递归实质上指的是一个语言单位嵌入另一个语言单位,作其句法成分。如果嵌入的语言单位高于被嵌入的语言单位,就

---

① 钱冠连关于"相同结构成分的重复或相套"的定义中,钱先生没有专门对"重复"的内涵进行解释。从该文中相关表述和例证来看,重复实质上就是"相同结构的重复使用"。

是级转移。詹全旺认为，根据递归的不同方式，可以分为并列递归和从属递归。并列递归指的是相同语言结构成分的重复，而且这些相同的语言结构成分处于并列的地位；从属递归指的是相同语言结构成分的相套，也就是一个语言结构成分从属于另一个语言结构成分。[4] 结合例证，詹全旺的并列递归指的是各部分结构相同的一种并列式递归，从属递归指的是相同语言结构成分的相套。①

（三）递归性理论认识存在的问题

以上简要综述了递归性的定义及其类型，存在的问题主要有下以几方面。

（1）认为递归性是一种"层层嵌套"的关系，内涵狭窄。层次性是语言的本质属性之一，层层嵌套很好地揭示出了递归性的本质。但是，层层嵌套仅仅揭示出了语言结构纵向的隐性嵌套关系，而语言单位的结合还应该有横向的显性组合关系，即黄国文指出的线性递归。因此，把递归性仅仅理解为类似"中国套盒式"的层层嵌套关系，内涵显然是狭窄了，不符合语言实际。

（2）区分了线性递归和嵌入递归两种类型，但理解不一。黄国文很好地区分了线性递归和嵌入递归两种类型，但是其线性递归仅限于并列或从属关系的小句复合体。詹全旺把递归性分为并列递归和从属递归两类，但其内涵与黄国文的两类不一致，而并列递归仅是递归关系中的一种，概括性不强，分类的准确性不够。

---

① 钱冠连在《语言的递归及其根源》一文中谈道："递归分为序列并列递归与序列从属递归，而并列递归还可以有顺序并列与同位并列的情形。"钱先生没有具体说明其内涵。

（3）对递归性的运用进行了分析,但适用范围没有明确。相关论述都结合了具体例证进行分析,但是适用范围没有明确,谈线性递归讲小句复合体,而没有顾及单句句法成分间的组合关系;谈嵌入递归,所举例证限于单句句法成分的嵌套,而没有顾及多重复句分句间的层层嵌套,解释力有限。

总的来看,目前对递归性的理论认识尚不清晰,理论的准确性也不够,递归性的系统性及其运转机制还没有被很好地揭示出来。

二、递归性的内涵及其运转机制

（一）组合关系中应引入"复合关系"

句子包括单句和复句两类。单句和复句内部都有结构关系和层次关系,单句结构关系分析依据的是句法成分间的语法意义,如主谓结构的主语和谓语是一种被陈述和陈述的关系,复句结构分析依据的是分句之间的"逻辑—语法"关系[①],如因果复句的因果关系。语法意义和"逻辑—语法"关系实质上都是一种抽象的"逻辑—语法"关系。因此,单句和复句结构分析虽然理据不同,但具有本质上的一致性。就层次关系看,单句的层次关系和复句的层次性本质上也是一致的,不同的是单句是句法成分的套合,即一句法成分套入另一句法成分,复句是分句的套合,即一分句套入另一分句。

---

① 关于复句类型的划分标准理解和表述不一致。胡裕树主编的《现代汉语》(上海教育出版社,1987 年,第 397 页)的表述是"按照分句之间的关系",黄伯荣、廖序东主编的《现代汉语(下册)》(高等教育出版社,2007 年第 4 版,第 123 页)的表述是"根据分句间的意义关系",邢福义著的《汉语语法学》(东北师范大学出版社,1996 年,第 321 页)的表述是"分句与分句之间抽象的'逻辑—语法'关系"。兹取邢先生的表述。

语言学中，组合关系一般是讲单句及其以下单位的结构关系的，如主谓结构、述宾结构、述补结构等五种基本结构关系。从上文关于单句与复句结构和层次具有本质的一致性的角度看，很明显，组合关系没有顾及复句分句之间的结构关系，没有将其纳入理论分析的范围。鉴于此，为了使组合关系涵盖的范围更宽，能兼顾到单句和复句，应该引入"复合关系"这一概念，专指复句分句之间的结构关系。

为了术语内涵的明确，笔者主张将语言符号横向的组合关系称为串合关系，串合关系涵盖单句句法成分之间的组合关系和复句分句之间的复合关系两类。

（二）套合关系中应引入"分句嵌套"关系

横向组合引入了"复合关系"。从系统性考虑，纵向的层层嵌套的关系也应该引入一种"分句嵌套"关系。这是因为多重复句也是有层次性的，分句之间存在层层嵌套的关系，如"① 你若争辩、吵嚷、反驳，② 你也许会得到暂时的胜利——有时候；③ 但这只是空幻的胜利，④ 因为你再也得不到对方的善意。"（本杰明·富兰克林）这个复句有两层，由四个分句组成，①②两个分句套入更大的假设关系的分句中，③④两个分句套入更大的因果关系的分句中，然后前面假设关系的分句和后面因果关系的分句复合，形成转折关系的复句。显然，这里嵌套的是分句，是一个分句套入另一个分句，而不同于单句句法成分之间的嵌套。

为了术语的一致性，笔者主张将纵向的层层嵌套的关系称为套合关系，简称套合，包括单句的成分套合和复句的分句套合两种情况。

上述观点前人已有思想的火花，值得一提的是叶蜚声、徐通锵先生。他们在论述了层层嵌套的递归性后指出："除了套合的情况外,有的时候,两个或几个本身可以成句的片段,不独立成句而联合构成一个具有完整语调的'复句',而那些直接构成复句的片段则退居分句的地位。……分句内部可以层层套合,而分句和分句之间又可以通过某种关系相互联系在一起,形成更复杂的结构。"然后他们还举了一个"你不问我替你问"例子的进行说明,指出"你不问"和"我替你问"这两个分句都是由基本的结构规则套合起来构成的,两个分句之间不存在套合关系,整个是一个联合结构的复句。[1]两位先生已经注意到了"复合关系",考虑到了复句,但是没有展开论述,后代学者也没有给予应有的注意。①

(三)递归性的内涵及其运转机制

串合关系中引入了复合关系、套合关系中引入了分句套合后,语言递归性的内涵也就清晰而系统化了,图示如下:

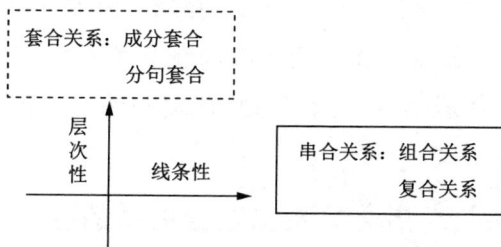

语言具有线条性和层次性两大基本属性。线条性决定了语言符号的组合具有一种横向的串合关系,层次性决定了语言符号的组合具有一种纵向的套合关系,组合关系和套合关系相互联接和联动,就是语言的本质属性之一——递归性。语言递归性的主要运转机制如下:

---

① 如王洪君、李娟的《语言学纲要》(北京大学出版社,2010年版)沿袭了叶蜚声、徐通锵先生关于递归性的定义,但是删去了这些内容。

```
机制1：成分   组合   成分 ────→ 单句 ──→ 成分套合 ────→ 单句 ←─→
                                           分句套合 ────→ 复句 ←─→
           ↕
        串合        ⟹                  套合        ⟹      串合

机制2：分句   复合   分句 ────→ 复句 ──→ 成分套合 ────→ 单句 ←─→
                                           分句套合 ────→ 复句 ←─→
```

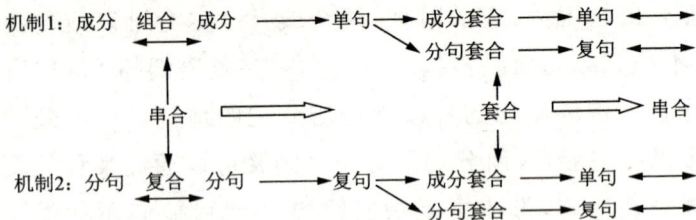

　　这一运转机制的基本程序如下：先是横向的串合关系发生作用，形成组合（机制1，生成单句）和复合（机制2，生成复句），如果结构只有一个层次，运转机制到此终止。如果不止一个层次，纵向的套合关系发生作用，通过成分套合和分句套合，生成更大的单句或复句。最后直接成分（分句）再次串合，通过组合关系生成单句（机制1），通过复合关系生成复句（机制2）。串合和套合不断循环重复，形成一个动态的生成机制。①

　　综上所述，递归性可以定义为：递归性是语言的本质属性之一，包括横向串合关系和纵向套合关系，串合和套合关系有机联接和联动，循环重复，形成递归性的运转机制，从而使语言具有生成性。

三、递归性串合关系和套合关系的意义

　　语言递归性串合关系和套合关系的揭示及其运转机制的构拟，理论上和实践上都有重要的意义。

---

① 为了线路的清晰，对机制运转的描述是由串合到套合到串合单线条的。实际上，串合和套合是同时发生的。为了图示的简明，这里单句包括单句和短语，复句包括复句和作分句的复句形式。递归性在语言的各个层面都存在，如超出句子层面的语篇。为了行文的简洁，本文讨论的机制限于句子层面，但对大于句子的单位同样适用。

（一）理论上使递归性的内涵更准确更呈系统性

1. 递归性中增补了横向的串合关系

认为递归性是一种层层嵌套的套合关系，这只是从层次性的角度揭示了递归性一部分属性。事实上，一个语言单位不仅存在纵向的层层嵌套关系，在每一层次两个直接成分之间还应具有串合关系。横向的串合关系应该也是递归性的重要属性，和套合关系联接到一起，衔接运转，共同形成语言的递归性。在递归性中增补了横向的串合关系，使递归性的内涵更加完整。

钱冠连指出一种局部上的不递归，如"这是一本讲疾病的书。我不喜欢。/This is a book on diseases. I hate it."这两个相连的句式，无论英汉，都没有相互套住，因而是局部不递归性。[2] 钱先生指出的这种局部不递归，一方面与其把递归性理解为"相同结构成分的重复或相套"有关，更重要的是与钱先生没有把横向的串合关系也作为递归性的属性有关。如果考虑到串合关系，这里的局部不递归仍然是一种递归关系，是复合关系的递归。

2. 在横向串合关系中引入了复合关系

在横向串合关系中，以往研究主要关注的是单句句法成分之间的结构关系，而对于复句分句之间的复合关系则没有给予应有的位置。在横向串合关系中引入复合关系，就使递归性的解释力更强，不仅可以解释单句，也可以解释复句，拓宽了其适用范围。

在乔姆斯基的转换生成语法中，递归性被看作是一种生成合乎语法的句子的重要机制。但是，从最初的古典理论到现代的最简方案，转换生成语法的逻辑起点始终局限于句子中的单句，基本的推导式是 S → NP+VP，而没有将复合关系纳入生成语法系统中,而实际上,复句也同样有转换生成的问题。更为重要的是,单句和复句的转换生成有时还有很大甚至本质的区别(如单句句法成分移位,结构关系也就随之改变,而复句分句移位,其基本的"逻辑—语法"关系有时却并未改变),说清了单句的生成问题,不等于就潜在地说清了复句的生成问题。因此,从递归性中复合关系的角度看,转换生成语法是有重大的缺陷的,需要引入复合关系,加以修正和完善。

3. 区分了套合关系中的成分套合和分句套合

横向串合中引入了复合关系,纵向套合关系中也就相应地增加分句套合一类。增加分句套合不仅是理论上的推导,更是分析理解语言事实的需要,因为多重复句同样具有层次性,分句间也存在层层嵌套的套合关系,而这一套合关系是一种分句套合关系。

黄国文从递归性的角度讨论了英语中的关系小句、补语小句和状语小句的归属问题,如关于补语小句的例子:

(1) He knew that it was right.

(2) He said that it was right.

(3) He knew the answer.

(4) He said the password.

Halliday 认为(1)(2)两个例子是小句复合体,(3)(4)是简单句,但是 Fawcett 却认为(1)(3)是一致的,(2)(4)是一致的。[3] 这里的分歧,可以从套合的成分套合和分句套合得到解释,(1)(2)认为是小句复合体的,实质上是从形式语法的角度,把嵌入的成分当作分句套合来理解的,认为(1)(3)一致、(2)(4)一致的,实质上是从功能语法的角度,把嵌入的成分当作成分套合来理解的,具有两可性。因此,套合关系中区分出成分套合和分句套合是有必要的,也是有意义的。

4. 构拟了递归性的运转机制,使之系统性更强

递归性的内涵不清晰,对递归性的运转机制也就没有明确的描述。本文从语言符号的线条性和层次性这一本质属性出发,从横向串合和纵向套合相互组配的角度,揭示了递归性的系统,构拟了递归性的运转机制和行进路线,使递归性的内涵清晰,系统性增强。

(二)实践上使层次分析方法贯通单句与复句

层次分析法是揭示语言层次关系的重要句法分析方法,但目前运用层次分析法进行句法分析的时候,一般都是限于单句,分析其结构和层次,注明结构关系。而分析复句时与单句割裂,只是参考分析单句的方法,分析分句之间的结构关系和层次,对分析的理论依据缺乏明确的阐述,遮遮掩掩。① 递归性内涵的阐述,既可以使层次分析方法贯通单句和复句,还可以较好地解释句法分析中遇到的一些难题,下面略举几例加以说明。

例1:运用层次分析法分析"阳光火一般地喷下来,我热得气都喘不过来。"这句话。②

---

① 沈开木《句法的层次性、递归性及其在多重复句分析中的利用》(《汉语学习》,1982年第5期)曾谈及递归性在多重复句分析中的利用,但没有进行理论上的论证。

② 这是学完复句后笔者给学生布置的作业。分析这道题时,第一次切分大部分同学都知道切分到"阳光火一般地喷下来",却很少有同学能正确地注明两部分的关系,要么按单句分析,注明结构关系,要么不注明结构关系。这说明学生还没有较明确的意识将层次分析法贯穿到复句中。

```
阳光 火 一 般 地 喷 下 来, 我 热 得 气 都 喘 不 过 来。
|      因      |  |        果        |
|--------------|  |------------------| 第一层
|主|   谓    |  |主|    谓        |
|--|--------|  |--|--------------| 第二层
|  状 |  中  |  |中| |    补      |
|------------|  |------------------| 第三层
|比|况|中|补|  |主|    谓        |
|------------|  |------------------| 第四层
                |  状    |  中      |
                |------------------| 第五层
                   |中|   补       |
                   |---------------| 第六层
                      |状|中        |
                      |------------| 第七层
```

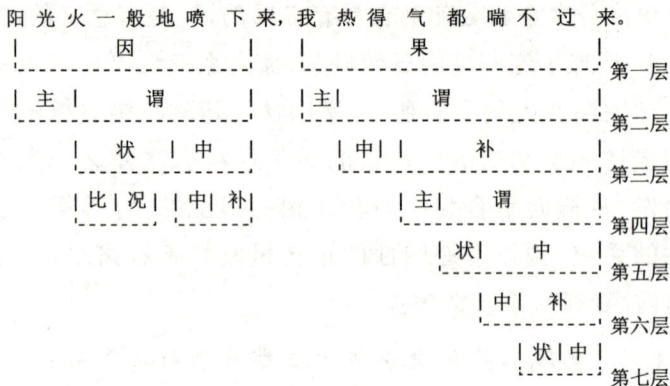

这是一个因果关系的复句,进行层次分析时,先切分出因果关系的两个分句,然后前后分句再按单句进行切分。单复句贯通,这个句子一共有七层,系统地解决句子层次分析的问题。

对于复句作句法成分的句子,也是如此,如"这个故事说明,一个人只要真心付出,就一定能获得回报。"这是个单句,复句"一个人只要真心付出,就一定能获得回报"作句法成分宾语。运用层次分析法逐层切分时,就会遇到"一个人只要真心付出"和"就一定能获得回报"两者要不要切分和切分后两者是什么关系的问题。如果把层次分析方法局限于单句,这个问题就难以解决,相反,如果把层次分析方法贯穿于单句和复句,则能很好地解决问题。这样的例子还有,如"他还启示人们,不应该迷信书本上的道理,而应该重视客观事实,重视实验和实践;要有勇气怀疑并且敢于批评不符合实际却历来被认为神圣不可侵犯的权威学说。"

例2:分析下面多重复句[①]:

① 在周副主席的号召和影响下,② 整个村子的部队都

---

① 这道题是黄伯荣、廖序东主编的《现代汉语(下册)》(高等教育出版社,2002 年第 3 版,第 181 页)的练习题。

来搓米：③ 有瓦片对瓦片搓的；有石头对石头搓的；有的干脆就用手搓，手上磨出了血泡，但仍然愉快地搓。

这道题在分析的时候，出现了两种不同的分析结果：一是认为该句是解说复句，第一层切分到"都来搓米"后面，"有瓦片对瓦片搓的……但仍然愉快地搓。"是解释前面整个分句的；二是认为该句是单句，"有瓦片对瓦片搓的……但仍然愉快地搓。"是解释前面"整个村子的部队都来搓米"①这一句法成分的，"在周副主席的号召和影响下"是状语，第一层应该切分到"影响下"后面。为什么会出现这样的结果呢？这主要是一句中同时出现了单句的组合关系和复句的复合关系，难以分出谁先谁后，即①和②组合可以形成状中关系，②和③复合可以形成解说关系。这个组合关系和复合关系同时存在的例子，如果运用串合关系的组合和复合关系来解释，就能很好地解释清楚。事实上，像这样的例子还有，如"一个企业有了良好的产品质量，这只是成功的前提，而要走向市场、开拓市场，就必须借助广告，着力塑造企业及品牌的双重形象，提高知名度、美誉度，才能为企业带来巨大的社会效益和经济效益。"②分析时，"一个企业有了良好的产品质量，这只是成功的前提"一部分因为有了"这"的复指，前后两者之间到底是组合关系，还是复合关系，就很费思量。如果运用串合关系来解释，这可能是组合和复合关系的叠加，具有两可性。这也启示我们，语言结构中可能存在几种关系叠加的情况，有时非此即彼的判断可能不符合语言事实。

---

① 也有人认为"有瓦片对瓦片搓的……但仍然愉快地搓。"仅仅是解释前面"搓米"这一句法成分的，这也有一定的合理性。

② 摘自黎运汉主编的《公关语言学》（暨南大学出版社，1996 年第 2 版，第 307 页）。

四、结论

递归性是语言的本质属性之一。递归性包括语言符号横向的串合关系和纵向的套合关系。串合关系包括组合关系和复合关系两种,套合关系包括成分套合和分句套合两种关系。串合关系和套合关系有机联接和联动,形成递归性的运转机制,使语言具有生成能力,从而生成无穷无尽的句子。

递归性的串合关系和套合关系在理论上具有重要的意义,要求在研究语言生成能力时,必须考虑到复句,要纳入复合关系这一重要因素,从而使生成语法具有更强的解释力。从递归性的角度看,乔姆斯基的转换生成语法没有系统考虑复合关系和分句套合等因素,因而其转换生成语法是有重大缺陷的,需要进一步修正和完善。实践上,递归性的串合关系和套合关系,可以贯通单句和复句,使层次分析方法不仅适用于单句,而且适用于复句,应用范围进一步拓宽。

参考文献

[1] 叶蜚声,徐通锵. 语言学纲要 [M]. 北京:北京大学出版社,1997.

[2] 钱冠连. 语言的递归性及其根源 [J]. 外国语,2001(03):8-14.

[3] 黄国文. 递归、级转移与功能句法分析 [J]. 外语教学与研究,1998(04):48-52.

[4] 詹全旺. 语言递归的层次与方式 [J]. 天津外国语学院学报,2006(05):58-62.

On the Connective Recursiveness and Embedded Recursiveness of Language

Ding Junmiao   Zhu Huaping   Yong Shufeng

（Chaohu College, Chaohu, Anhui, 238000）

Abstract: The recursive nature of language is one of its intrinsic qualities, but by far, the knowledge about the theory connotation and the operation mechanism of recursiveness is not clear and accurate. The connotation of recursiveness should be composed of connective recursiveness horizontally and embed recursiveness longitudinally, and the two relations joining together organically and operating simultaneously form the operation mechanism of recursiveness. The connective recursiveness and embedded recursiveness are of great significance in theory, which requires bringing the compound relation into the researching on the generative capacity of language, so as to make the transformative and generative grammar more perfect and more explanatory. In practice, the connective recursiveness and embedded recursiveness can be applied to simple sentences and complex sentences, and make the Immediate Constituents Analysis method not only applicable to simple sentences but also to complex sentences, at last further broaden the range of application of ICA.

Keywords: recursiveness; connective recursiveness; embedded recursiveness; simple sentence; complex sentence

（本文原载于《巢湖学院学报》,2013 年第 5 期。收入本书时保持了原貌。）

后　记

　　开展教学改革与研究是高校自身发展的必然要求,也是提高教育教学质量的重要途径。为了不断深化汉语语言学课程的教学改革,提高汉语语言学课程的教学质量,培养更多具有实践创新能力的语言学人才,在高等教育界广泛深入开展研究性教学的背景下,巢湖学院文学传媒与教育科学学院语言学课程组(原中文系语言学教研室)的教师也积极尝试研究性教学,探索有效开展研究性教学的理论和实践等问题。

　　2010 年,在总结前期研究性教学实践探索成果的基础上,我作为主持人,以《语言学课程研究性教学方法理论和实践研究》为题目,申报了安徽省质量工程项目,并获批立项。以项目为依托,课题组一边按计划继续在语言学课程中尝试、实践研究性教学方法,一边不断进行理论思考和总结,努力把零散的成果进一步条理化、系统化,发表了几篇教研论文,并撰写了较为详细的结项报告。在教学实践中,我们深切感到,在本科阶段汉语语言学课程教学中开展研究性教学,看起来容易,真正实践起来很困难,要想取得切实的教学效果更是困难。困难主要来自三方面:一是意识问题,二是能力问题,三是方法问题。意识问题主要是指学生对研究性教学认识不到位,主动进行研究性学习的意识不强,对研究性教学存有应付的思想,甚至是抵触的情绪。能力问题主要

202

是学生进行研究性学习的能力不足，表现为找不到问题或研究的项目完成质量不高。方法问题主要是指教师有时也找不到有效的方法来指导学生进行研究性学习，因而在一定程度影响了研究性教学的进程。有鉴于此，在项目结项后，我又在不断思考，希望能在以前研究和实践的基础上，找到一种研究性教学模式，以更好地开展研究性教学，提升研究性教学质量。经反复思索，并结合自己的教学、科研实际，我提出以问题为中心的研究性教学模式，通过各种途径和方式，引导学生树立怀疑精神和问题意识，帮助他们寻找发现问题，然后再以解决问题为目标，引导学生寻求合适的途径去探索解决问题，最后在具体问题的基础上进一步概括提炼，上升为有一定价值的理论研究成果。教学改革和研究是一项系统工程，研究性教学的有效推进，需要广大教师共同努力，不断探索实践。因此，我不揣浅陋，把教学中的一些实际做法总结出版，希望大家一起来交流、探讨，以切实提高汉语语言学课程的教学质量。

　　"语言学课程研究性教学方法理论和实践研究"项目（项目编号：20100973）的成果最终得以出版，衷心感谢安徽省教育厅、巢湖学院提供的支持以及巢湖学院文学传媒与教育科学学院领导的关心。在研究性教学的探索和实践中，语言学课程组教师史国东、雍淑凤、谈莉、陈霞光、朱华平、褚群武、杜红梅等或参与其中，或提出宝贵意见，都付出了辛勤的劳动。在本书初稿完成后，徐礼节教授百忙之中审阅了全稿，提出了许多宝贵的意见。在此，衷心感谢诸位同事的付出与帮助。本书写作过程中，参考或引用了诸多学者和老师的研究成果。本书的出版得到了中国海洋大学出版社的大力支持。在此，也对各位学者、老师和中国海洋大学出版社表示衷心的感谢。

限于时间和能力，关于汉语语言学课程研究性教学的探索和研究还是浅层次的，总结提炼也还很粗糙，书中的疏误和不足之处一定不少，恳请和期待语言学界的前辈和同仁们给予批评和指正。相信通过大家共同的努力，汉语语言学课程研究性教学的道路一定会越走越宽，汉语语言学人才培养的质量一定会越来越高。

丁俊苗

2018 年 7 月